굿모닝
마다가스카르

초판 1쇄 발행 ǀ 2016년 2월 25일
초판 3쇄 발행 ǀ 2016년 5월 25일
지은이 ǀ 김창주
펴낸이 ǀ 최대석
펴낸곳 ǀ 행복우물
편 집 ǀ 엠피케어(umbobb@daum.net)
등록번호 ǀ 제307-2007-14호
등록일 ǀ 2006년 10월 27일
주 소 ǀ 경기도 가평군 경반안로 115
전 화 ǀ 031)581-0491
팩 스 ǀ 031)581-0492
이메일 ǀ danielcds@naver.com
홈페이지 ǀ www.happypress.co.kr
ISBN 978-89-93525-28-1
정 가 16,000원

굿모닝
마다가스카르

김창주 지음

행복우물

사랑하고 존경하는 부모님,

고마운 한국교회, 그리고

마다가스카르 선교 후원자님들께.

"에덴 이후 또 하나의 에덴, 마다가스카르!"

이 책은 마다가스카르 선교사역 9년에 대한 보고서입니다. 아무런 사전 지식도 없이 떠난 미지의 세계 마다가스카르, 아프리카의 동쪽 인도양에 있는 보물섬, 가난하지만 웃음을 잃지 않고 서로 사랑하며 살아가는 말라가시들의 나라입니다.

그곳에서 목사로, 의사로, 선교사로 섬기며 봉사할 수 있었던 것은 저희 부부에게 주신 하나님의 은총이요 축복이었습니다. 그들과 함께 즐거움을 나누기도 하였고 때로는 같이 울며 마음 아파했던 시간들도 있었습니다.

평생 동안 한 번도 자기 신발을 가져보지 못한 가난한 사람들, 맨발로 뛰어 다니지만 부끄럼이 없으며, 비가 오면 바나나 잎사귀로 우산을 삼고, 해마다 수해와 침수를 당해도 자연의 순리로 여기며 참고 견디는 사람들, 이제 그들과 함께 보낸 시간들이 어느 덧 추억이 되었고 역사가 되었습니다.

신학교 강단에서, 교회의 설교단에서, 양돈 농가와 양계장에서, 병원의 수술실에서, 보건소에서, 무의촌에서 만난 말라가시들, 지금도 눈을 감으면, "마나워나, 뚬뿌?(안녕하세요?)"하며 다가오는 그들의 모습이 떠오릅니다.

그 동안 말라가시들과 함께 보낸 시간을 한 권의 책으로 엮어서 선교 보고의 형식으로 세상에 선보입니다. 한국에도 자주 마다가스카르가 소개되고 마다가스카르에 대한 국민들의 관심이 점점 높아갑니다. K-Pop과 K-Drama, 한류에 대한 인기가 마다가스카르와 아프리카 여러 나라들에서도 치솟고 있습니다. 세계는 한국을 주목합니다.

저는 이 책이 한국과 마다가스카르를 더욱 가깝게 연결시켜 주는 작은 고리가 되기를 소원합니다. 한국의 젊은이들이 전 세계에 나아가 많은 사람들을 섬기고 봉사하며 헌신하게 되기를, 그리고 더 많은 해외봉사로 대한민국이 받은 축복을 전하고 나누는 평화의 사도들이 되기를 기대합니다.

아직도 "세상은 넓고 할 일은 많습니다!"

2016년 새해 첫 날
마다가스카르 안타나나리브에서
김창주

목 차

제3부 마다가스카르 선교지에서…

제1부

나의 꿈
아내의 꿈

chapter **1**

왜 냉방에서 자니?

추운 겨울, 새벽 기도에 가기 위해 준비하던 어머니는 깜짝 놀랍니다. 난방이 되지 않은 방의 차가운 제일 윗목에서 큰 아들이 쪼그리고 자고 있었기 때문입니다. 연탄으로 난방을 하던 시절이었습니다. 연탄 보일러로 뜨거운 물을 덥혀 난방을 하는데 작은 방이지만 절약하기 위해 두 부분으로 나누어 온수를 돌리던 때입니다. 작은 방의 제일 윗목, 불기운이 하나도 없도록 밸브를 잠구어 버리고 냉서리 찬기운의 방바닥에서 자던 아들은 놀란 어머니께 태연스럽게 대답합니다.

"엄마, 제가 나중에 선교사가 되면 아프리카로 갈지, 알래스카로 갈지 모르는데 미리 훈련을 해야지요."

초등학교 6학년 아들의 결심과 대답을 어머니는 잊지 않고 마음 속에 간직했습니다. 소년은 밀림의 성자 알버트 슈바이츠의 위인전을 읽으며 가슴 뭉클했던 기억을 갖고 있습니다. 미국의 피어리(Robert Peary)와 노르웨이의 아문젠(Roald Amundsen)이 북극에 첫 발을 딛기 위해 경쟁하던 이야기를 읽으며 미지의 세계에 대한 꿈을 키웠고, 거듭되는 실패로 동상 걸린 발가락 일곱 개를 자르면서까지 북극 탐험에 성공한 이야기로 도전을 받았습니다.

소년의 꿈은 여기서 끝나지 않았습니다. 미국 북장로교회 선교사들이 1906년 대구에 세운 미션 스쿨에서 수학하는 동안 그 꿈은 점점 더 구체적으로 자라게 되었습니다.

소년의 마음 속에는 '언젠가 하나님께서 허락하시면 젊음의 한 토막을 아프리카에서 바치겠다.'는 결심이 굳어져 갔습니다. 신실하신 하나님은 한 어린 소년의 꿈을 귀하게 여기셨고, 그 꿈이 이루어지도록 복을 내려 주셨습니다.

"… 꿈을 꾼 선지자는 꿈을 말할 것이요 내 말을 받은 자는 성실함으로 내 말을 할 것이다…" (렘23:28)

chapter 2

만인의 꿈은 현실입니다

"한사람의 꿈은 하나의 꿈에 지나지 않습니다. 그러나 만인의 꿈은 현실입니다."

칭기스칸의 어록에 나오는 말입니다. 이 말은 이렇게 바꿀 수도 있을 것입니다. "한 사람의 꿈은 한 순간의 꿈일 수 있습니다. 그러나 그 꿈을 지속적으로 간직하면 마침내 그 꿈은 현실이 됩니다."

소년의 꿈은 마침내 이루어졌습니다. 한국신학대학에 입학하여 목회자의 길을 걷게 된 것입니다. 신학대학과 신학대학원을 졸업하면서 '세계 선교신학의 발전에 관한 연구'라는 제목으로 석사학위 논문을 제출하였고 선교신학을 전공했습니다. 이제 청년이 된 소년은 대한민국의 남자들이 마쳐야하는 국방의 의무를 군종장교로 끝낸 후, 영국개혁교회

(United Reformed Church)가 주는 장학생이 되어 영국 유학의 기회를 갖게 됩니다.

버밍험 대학의 셀리옥 칼리지(Selly Oak Colleges)에서 세계 선교신학의 동향과 선교의 역사를 재정립하게 되었습니다. 거기서 공부하는 동안 유명한 선교신학자들과 교수들, 그리고 수 많은 선교사들을 만났습니다. 그 기간은 먼 훗날 마다가스카르에서 선교동역자(Mission co-worker)로 일하기 위한 준비 기간이었습니다. 영국에서 만난 사람들 중에는 후에 말라가시 교회 지도자가 된 사람들이 많이 있었습니다.

마다가스카르는 프랑스의 식민지배를 당했지만 그곳에 처음 복음을 전해 준 사람들은 영국선교사들이었고, 리빙스턴을 파송했던 런던선교회(London Missionary Society)가 마다가스카르에서도 복음을 전했으며 많은 사역을 전개하였습니다. 그래서 마다가스카르 교회는 영국 교단과 특별히 가까웠고, 말라가시 교회 지도자들 중에는 셀리옥 칼리지에서 공부한 사람들이 많았습니다.

17년 뒤, 선교지가 되어 마다가스카르와 말라가시 교회를 위해서 일할 수 있도록 하나님께서는 이렇게 치밀하고 사려깊게 예비하여 놓으셨던 것입니다.

영국과 미국에서 공부한 후, 바로 아프리카로 가려는 꿈은 연기되었지만 목회의 길을 먼저 열어주신 것은 성공적인 선교사역을 위한 준비 기간이었음을 고백하게 됩니다. "사람이 자기 길을 계획할지라도, 그 걸음을 인도하시는 이는 여호와 하나님이십니다."

chapter 3

믿음의 기도는 반드시 이루어집니다

　저의 외할머니는 전형적인 한국의 시골 여성이었습니다. 그 옛날 여자아이에게는 공부를 가르치지 않았습니다. 그래서 외할머니는 서당이나 소학교의 문앞에도 가 보지 못한 무학(無學)의 여성이었습니다. 한자는 물론이고 한글조차 배우지 못하셨지만, 슬하의 딸 둘과 아들 하나를 훌륭하게 키우셨습니다. 두 명의 딸을 모두 목사에게 시집 보냈습니다. 아들도 훌륭하게 키워냈습니다. 친손, 외손 중에는 목사와 박사가 아홉 명이나 되고 20대 공학박사도 있습니다.

　외할머니는 글을 배우지 못하셨으니 교회에서 성경을 읽을 수가 없었고, 아라비아 숫자를 모르시니 찬송가도, 성경의 장절도 찾을 수가 없었습니다. 그러나 교회를 다니시면서 자연스럽게 한글을 터득하셨고 숫자도 깨우치게 되었던 것입니다.

외할머니는 정규 교육은 전혀 받지 못하셨지만 세상을 살아가는 지혜는 풍성했고 넘쳐 흘렀습니다. 특히 외할머니의 기도는 유창하고 막힘이 없었으며 항상 힘이 넘쳐났습니다. 자녀손들을 위해 드리는 외할머니의 기도에는 순서가 있었는데, 첫째와 둘째인 딸들 보다 늘 막내인 아들이 기도에서는 우선이었습니다.

저는 지금도 분명하게 기억합니다. 목사가 될 손자인 저를 위해서 기도해 주시던 외할머니의 기도 내용을…. 신학생 시절 방학때 집에 내려오면 외할머니께서는 이렇게 기도해 주셨습니다.

"하나님 아버지, 우리 창주, 훌륭한 목사 되도록 인도해 주시고, 선교사까지 되게 하여 주시옵소서~."

한국 교회 초대 성도들에게 목사는 귀한 성직이었지만, 외할머니에게는 목사보다도 선교사가 더 높고 귀한 성직으로 보이셨던 것 같습니다. '선교사까지 되게 해 달라고…' 기도해 주신 외할머니의 목소리가 아직도 제 귀에 쟁쟁합니다. 저는 외할머니의 간절한 기도가 이루어져 제가 선교사로 섬길 수 있었다고 믿습니다.

"의인의 간구는 역사하는 힘이 많으니라" (약5:16)

chapter 4

나는 언젠가 아프리카로
가려고 합니다

목사가 되고 선교사가 되려던 소년은 어느덧 자라서 청년이 되었고 결혼할 때가 되었습니다. 지금의 아내가 된 처녀를 두 번째 만나는 자리에서 청년은 자기의 꿈을 밝혔습니다. 그 청년은 군목에서 막 전역한 총각 목사였습니다. 그 자리에서 자신은 앞으로 유학을 하고 공부를 마친 다음, 언젠가 아프리카로 가서 선교사로 일하고 싶다는 포부를 나누었습니다. 그리고 아직 자기와 결혼할 것을 결정하지도 못한 처녀에게 '만약 결혼을 한다면 함께 아프리카에 갈 수 있는지'를 물었습니다.

이제 두 번 밖에 만나지 않은 자리에서 질문을 받은 처녀는 총각 목사의 이런 느닷없는 물음에 얼마나 당혹스러웠을까요? 그러나 처녀는 차분하게 자기의 진심을 그대로 밝혔습니다. 당시 산부인과 전문의가 되기 위한 수련과정에 있던 여의사 임전주는 자기 앞에 있는 총각의 말에 신뢰를 보내며 이렇게 고백합니다.

"참 귀하고 좋은 생각이네요. 저 역시도 의사가 되려는 이유가 저 혼자서 편하게 잘 먹고 살려는 생각보다는 무언가 보람된 일을 하고 싶어서 이 길을 선택했답니다. 저도 아프리카에 갈 마음이 있어요."

이런 대화를 나눈 이후 두 사람의 마음은 급속도로 하나가 되었고, 쉽게 결혼이야기를 진전시킬 수 있습니다. 이제 소년의 꿈은 한 사람의 꿈이 아닌 두 사람의 꿈으로 자라나게 되었습니다.

의사인 딸이 힘든 목회자의 아내가 되는 것을 안타깝게 생각하던 처녀의 부모가 처음에는 말리기도 했지만, 결국 두 사람은 양가 부모님의 허락을 받아 결혼을 하게 되었습니다. 남편은 유학을 가야 했고 아내는 계속해서 전문의 수련을 받아야 했기 때문에 신혼살림을 차릴 수도 없었지만, 하나님께서 기뻐하시는 일이 인생의 목표로 정해지자 두 사람은 한달 보름 만에 속전속결로 간단히 결혼예식을 마쳤습니다. 이로써 김창주 목사와 임전주 선생의 가정이 만들어진 것입니다.

혼사가 이렇게 빠르게 진행될 수 있었던 것은 사실 처녀의 집안도 뿌리깊은 믿음의 전통이 있었기 때문입니다. 아내의 집안에는 일찍이 평양신학교를 12회로 졸업하고 목사가 된 증조 할아버지가 계셨습니다. 임종하 목사님이 바로 그분이십니다.

남편은 영국과 미국에서의 유학을 마쳤고 아내는 산부인과 전문의가 되었습니다. 1996년 미국 LA 클레어몬트에서 목회학 박사 학위를 받은 이후 본인에게 목회의 길이 먼저 열렸습니다. 사실은 본인은 미국에서 공부를 마치고 곧바로 아프리카로 가려고 계획을 세웠습니다. 그리고 부모님과 의논했을 때, 본인의 아버지 김영환 목사는 아들이 한국으로 돌아오기를 원하셨습니다. 아버지 김 목사는 23년 동안 섬기시던 교회에서 자원은퇴의 계획을 가지고 있었으므로 장남인 아들이 한국으로 돌아와 목회의 대를 이어가기를 원했던 것입니다.

아버지의 이런 소원을 들은 큰 아들은 무조건 부모님의 말씀에 순종하기로 하고 귀국을 결심했고 당분간 자기의 꿈을 연기하였습니다. 그리하여 훌륭한 목회자인 김호식 목사님이 시무하던 예닮교회에 부목사로 청빙을 받아 아내와 두 아들(3살과 1살)을 데리고 귀국하였습니다.

예닮교회에서 부목사로 5년 그리고 담임목사로 7년, 총 12년 동안을 섬겼습니다. 그리고 담임목사로서의 한 텀을 마친 후, 2007년 가을 아프리카로 떠나게 되었습니다.

이로써 두 사람이 결혼 전 만난 자리에서 나눈 약속이 이루어진 것입니다. 그 동안 하나님께서는 한 어린 소년의 꿈을 영글게 해 주셨고 영국과 미국 유학, 한국에서의 목회를 경험하게 하신 후, 아프리카의 선교사가 되는 축복을 허락하신 것입니다.

chapter 5

장래가 보장 된 안정된 목회와
편안한 삶을 뒤로 하고

"선교지 아프리카에서 제일 힘든 것이 무엇이냐"고 묻는다면, 주저없이 '외로움' 이라고 대답할 것입니다. 편안하고 안정된 삶과 익숙한 것들을 모두 끊고 전혀 새로운 세상에 적응하는 일은 결코 쉽지 않았습니다.

사랑하는 사람들, 보고싶은 사람들, 매일 매일의 편안함과 일상으로부터 멀리 떨어져 있다는 외로움, 친하고 가까운 친구들, 교우들로부터 잊혀진다는 생각은 차츰 불안감으로 변해갔습니다. 그토록 원하던 꿈이 이루어진 것이지만 인간은 연약한 존재입니다. 그리고 인간은 함께 더불어 살아가는 사회적 존재입니다. 매일 얼굴을 대하는 가족들, 친지들, 교우들, 익숙한 언어와 문화, 몸에 배인 생활과 습관들, 그리고 눈에 익은 산천과 초목들, 나의 조국과 형제 자매들… 이 모든 것들을 뒤로하고 선교지로 떠나서 생소한 현지의 언어와 문화에 적응하는 일은 쉽지 않

서울시 건축대상을 받은 예닮교회 본당

았습니다.

　물론 복음의 진보를 위해서 미지의 세계로 나아간다는 사명감과 스스로 선택한 새로운 세계에 대한 기대와 동경, 설레임도 있었지만, 서울에서 안정된 교회와 좋은 직장을 뒤로하고 전혀 알지 못했던 곳 아프리카로 온 가족을 데리고 떠나는 가장의 마음은 편안하지 않았습니다. 특별히 연로하신 양가 부모님들이 계신데 떠난다는 것은 미안하고 죄송함을 넘어 죄책감까지 들었습니다.

　한국에 돌아와 부목사로 섬기던 예닮교회의 김호식 목사께서 2000년 자원은퇴를 하시면서 교회는 당시 39살이었던 본인에게 담임목사가 되어 달라고 청빙해 주셨습니다. 부목사가 담임목사로 청빙을 받는 일이 한국교회에서 흔치 않는 일이며 대부분의 장로 교단의 헌법은 이를 금하고 있습니다. 그러나 두 가지의 예외 규정이 있으니, 담임 목사의 소천이나 은퇴의 경우에는 부목사라도 담임목사로 청빙 받을 수 있습니다.

그러나 이렇게 담임목사가 된다 하더라도 부담스럽고 힘든 것은 사실입니다. 예닮교회는 한국교회에서도 좋은 교회로 소문난 교회이고, 특별히 건축물이 아름다워 대학의 교재에도 소개되어 있으며 지성인들이 많이 모이는 교회입니다. 뿐만 아니라 한국교회의 존경을 받는 대 설교가인 김호식 목사께서 유서깊은 돈암장 자리에 개척한 훌륭한 교회였습니다.

저는 김 목사님의 뒤를 이어 예닮교회의 담임목사가 되었고, 그후 교회를 섬기는 동안 참으로 분에 넘치는 사랑을 받았습니다. 교회는 해마다 성장하고 발전하였으며, 대한민국 건축대상을 받은 본당과 어우러지는 교육관을 현대식 건물로 지어서 봉헌하는 축복도 누렸습니다.

처음 담임목사로 취임할 때부터 본인의 마음 속에는 한 텀, 7년 목회를 마치면 선교지로 가겠다는 결심이 있었습니다. 두 아들은 성장하여 고등학생과 중학생이 되었고, 저희 내외도 40대 후반을 향하고 있었습니다. 이 때가 아니면 선교지로 갈 수 없겠다는 생각을 하였으며 이것이 마지막 기회인 줄로 알고 떠날 결심을 굳히게 되었습니다. 그러나 상급학교와 대학입시를 앞둔 두 아들과 산부인과 병원에서 근무하는 아내와 함께 떠난다는 것이 쉽지는 않았습니다.

먼저는 양가 부모님들의 만류가 있었습니다. "꼭 떠나야 하느냐?"고 물으시는 그 물음 속에는 손주들이 "가지 않겠다."라고 대답하기를 기대하는 바램이 있었습니다. 그러나 막내 아들, 신호를 제외한 우리 세 식구는 모두 아프리카 선교지로 향하는 일에 적극 동의하였고, 결국 막내아들까지도 설득하여 온 식구가 함께 가기로 되었습니다.

chapter **6**

그 꿈, 버렸어야 하는 것 아닙니까?

예닮교회 당회에서 사의를 표한 것은 2007년 4월 초였습니다. 예닮교회의 후임 목사님을 청빙하는 일이 쉬운 일이 아님을 잘 알고 있었기 때문에 적어도 6개월 전에 사임의 뜻을 밝힌 것입니다.

"저는 올해 9월 말까지 예닮교회 담임목사의 직을 감당하고 10월부터는 사임하려고 합니다."

갑자기 밝힌 저의 사임 발표에 당회는 충격에 빠졌습니다. 당회에 참석 중이셨던 15분의 장로님들은 너무 놀라서 아무도 발언하지 않으셨습니다. 1~2분 동안의 침묵이 마치 한 시간이 넘는 시간처럼 느껴졌습니다. 그토록 화기애애하던 당회의 분위기는 마치 얼음물을 끼얹은 듯 식어버렸습니다.

마침내 한 장로님께서 입을 열어 질문하셨습니다.

"목사님, 다른 교회로 가십니까? 아니면 해외로 가십니까?"

"제가 예닮교회를 떠나 어느 교회로 가겠습니까? 저는 아프리카에 선교사로 가려고 합니다."

그 이후 온 교회에 소문이 퍼졌고 집사님들과 교인들은 장로님들에게 화살을 쏟으셨습니다. 장로님들이 강하게 목사를 붙잡지 않았기 때문에 김 목사가 떠나게 되었다고 생각하여 그 책임을 장로님들께 돌렸습니다. 그리고 교회 안밖에서는 온갖 소문들이 돌기 시작했습니다.

예닮교회의 이모저모

"원로 목사님과 관계가 좋지 않아서 떠난다"는 잘못된 소문도 있었고 "그렇게 어려웠으면 평소에 말을 하지, 왜 일이 이렇게 되도록 입을 닫고 있었느냐?"고 저를 위로해 주시는 선배 목사님도 계셨습니다. 개중에는 "목사가 교회를 갑자기 그만 두게 되는 데는 두 가지 이유가 있는데, 여자 문제나 돈 문제!"라는 말을 마치 저에게 들으라는 듯이 하는 사람도 있었습니다.

2007 부활주일 예배 중 '부활무용'

다음 달 제직회의에는 제직회 역사상 가장 많은 집사님들과 권사님들이 참석하셨습니다. 목사가 사임하는 진짜 이유와 진심을 알고 싶어 하는 분들이 많으셨습니다. 본인은 모든 제직들 앞에서 담임목사직을 사임하게 된 이유를 진솔하게 설명드렸습니다. 그리고 장로님들께는 잘못이 전혀 없음을 자세히 설명드렸고 본인의 어린 시절의 소망과 꿈, 오늘까지 목회의 길을 걷게 된 과정, 좋은 교회와 성도님들을 만나서 이 자리에 있게 된 감사, 이제 소원을 이루기 위함과 복음의 진보를 위해서 더 가난하고 어려운 나라로 가겠다는 의지를 설명드렸습니다.

목사가 더 좋은 자리를 탐해서 떠나는 것이 아니고, 아프리카 선교지로 향하겠다는 결심에 진실한 크리스천들인 예닮 성도들은 대부분 경의를 표해 주셨습니다.

그런데 제직회의 말미에 이 모든 설명을 들으신 집사님 한 분이 손을 번쩍 들고 억센 경상도 엑센트로 발언하셨습니다.

"아니, 목사님, 아무리 그렇다 하더라도 적어도 예닮교회 담임목사가 될 때는 그런 꿈을 다 버렸어야 하는 것 아닙니까? 목사님이 직접 가지 않는 대신에 다른 선교사를 10명 보내면 안 됩니까?"

이 한 마디의 발언은 제직회의장을 더 조용하게 만들어 버렸습니다.

순간, 저는 더 이상 아무런 설명이나 대답을 할 수가 없었습니다. 잠시 하나님의 지혜를 구한 다음 이렇게 대답했습니다.

"집사님 감사합니다. 집사님의 말씀은 맞는 말씀입니다. 예닮교회의 담임목사의 직분은 참 중요하고 귀합니다. 그래서 저도 오래 동안 기도하며 고민하였습니다. 그러나 집사님, 제가 예닮교회 담임목사로 섬긴 지난 7년 동안 죄송하지만… 저는 한번도 선교지를 포기한 적이 없습니다. 한번도 그 결심이 흔들린 적이 없습니다… 제가 이렇게 말씀드리면 혹시라도 저에게 배반감을 느낀다고 생각하실 분들도 계실 것입니다. 그러나 집사님, 제가 그런 생각을 가지고 있었기 때문에, 저는 한 순간도 예닮교회에서 목사직을 소홀히 여긴 적이 없었습니다. 그래서 최선을 다해서 예닮교회 목회에 임했고, 그런 자세로 살아왔습니다. 사택이 교회 바로 앞 제일 가까운 곳에 있지만, 저는 지난 7년 동안 단 한 번도 토요일 밤은 집에서 잠을 자지 않았습니다. 언제나 교회에서 밤을 새우며 설교를 준비하였고, 어젯 밤에도 교회에서 밤을 새웠습니다. 젊고 부족한 목사의 무례한 대답을 집사님과 여러 제직들께서 이해해 주시기 바랍니다.”

저의 대답을 들으신 이후 더 이상 아무도 질문하지 않으셨고 제직회는 끝났습니다. 그때 그렇게 질문하신 집사님 내외분은 오늘까지 저의 마다가스카르 선교사역에서 가장 큰 후원자 역할을 하고 계십니다.

chapter 7

'현존하는 미래'인 청년들에게 도전을 주고 싶었습니다

1996년 예닮교회에 부목사로 부임했을 때 본인에게 주어진 임무는 교회 안의 교육부와 교회학교 전체를 책임 맡고 청년부를 지도하는 것이었습니다. 당시 청년회는 1부와 2부로 나누어져 있었으며, 각각 10명 정도가 모이는 작은 모임이었습니다. 그 후 청년부가 점차적으로 성장하여 주일 오후에 청년예배를 따로 드리게 되었습니다. 본인이 담임목사가 된 이후 제일 먼저 청년부를 전담하는 목회자 한 분을 청빙하여 청년 목회를 맡겼습니다.

이렇게 교회에서 청년부에 관심을 갖자 청년부는 단기간에 크게 성장하였으며 저는 그 청년들을 '현존하는 우리의 미래'라고 이름 붙였습니다. 2007년부터는 매주 120~150명의 청년들이 모여서 우렁찬 찬양예배 소리로 온 교회가 떠들썩할 정도까지 되었습니다. 당시 교회에 등

예닮교회 목회 시절

록한 청년부 인원이 350명이 넘었습니다. 청년들을 중심으로 단기 선교 팀을 만들어 태국, 베트남, 몽골 등, 해외의 여러 선교지를 방문하였으며 선교와 해외봉사에 대한 꿈을 심어 주었습니다.

'세계를 품는 청년', '신앙의 기본이 강한 청년'이라는 주제로 성장한 청년들은 현존하는 내일의 교회 주인들입니다. 이는 담임목사의 목회 비전이기도 했고 온 교회의 기대였으며 자랑이었습니다. 이런 청년들에게 말로만이 아닌 진짜 봉사, 헌신, 섬김, 선교의 모습을 보여 주어야 하겠다고 결심하였습니다. 저는 담임목사가 직접 선교의 현장으로 나아가는 모습을 보여주는 것이 수십 편의 설교보다 낫다고 생각했습니다.

제가 담임목사가 된 이후에도 매월 한 번은 청년예배에 참석하여 설교를 맡았습니다. 마지막 청년예배 설교 때에 본인의 결심과 소원을 나누면서 청년들도 울고, 저도 울고, 온 교회가 눈물 바다가 되었던 장면을 아직도 기억합니다.

중고등학교 때부터 함께 신앙생활을 해 온 아들 딸 같은 청년들이 눈이 붓도록 우는 모습을 볼 때 가슴이 미어지는 것 같았지만, 이런 방법 이외에는 그들에게 무관심, 무책임, 무감동의 '3무의 시대'에 도전을 줄 수 없었습니다.

선교지에 있는 동안 결혼을 준비하면서 본인에게 간곡히 주례를 부탁하는 청년들이 있었습니다. 그러나 후임 목사님이 계시므로 그 청년들의 요청을 사양했고 담임 목사님 혹은 원로 목사님의 주례를 받도록 설득했습니다.

본인이 부목사로 부임하여 초등부와 중고등부에서 가르친 학생들이 청년들로 자라 교회학교 교사가 되었고 어엿한 사회인으로 성장하였습니다. 이제는 예닮교회의 중직자들이 되어 그들이 낳은 자녀들이 유치부에서 자라나고 있는 모습을 볼 때 목회자로서 큰 보람을 느낍니다.

chapter 8

AIM에 소속되다

AIM(Africa Inland Mission)은 아프리카 내지(오지) 선교회라고 불립니다. 18세기 아프리카 선교는 주로 해안선 주변에 사는 사람들에게 복음을 전하던 '해안선 선교'였습니다. 대부분 인구들이 해안선을 따라 집중되었기 때문이기도 하고, 아프리카 내륙은 접근이 어려운 오지였으며 많은 위험이 도사리고 있기 때문이었습니다. 그러나 차츰 탐험가들의 열정을 통해서 대륙의 안쪽에도 여전히 여러 부족들과 많은 사람들이 살고 있다는 사실을 깨닫게 되었고 내륙선교를 위해서 시작된 것이 Africa Inland Mission이었습니다. 이렇게 만들어진 선교회의 본부는 영국과 미국에 있고, 아시아 태평양 지역 본부는 호주에 있으며 한국에도 AIM 지부가 있습니다.

아프리카 선교를 위해서 AIM을 통하기로 하고 서울 양천구에 있던

AIM 한국지부를 방문했습니다. 한국AIM에서는 서울에서 큰 교회의 담임목사가 아프리카 선교사로 지원한다는 사실에 한편으로는 놀라기도 하면서 무척이나 반가워하는 분위기였습니다.

회원으로 가입 전에 언어 훈련, 특히 영어 수준을 향상시키는 일과 신학과 선교학 개론 등을 수학하는 것이 필수였습니다. 그러나 본인의 경우는 신학을 전공했고 선교학으로 석사 학위를 가졌으며 안수 받은 목사이기에 인터뷰만 거치고 정회원이 될 수 있었습니다. 예닮교회 안식년 기간을 이용하여 마지막 여정으로 호주를 방문하여 아시아 태평양 지역 본부장인 조나단 선교사와도 인터뷰를 하였습니다. 그러나 인터뷰라기 보다는 그 가정에 초대받아 함께 점심을 나누는 작은 파티였습니다.

40년 동안을 AIM 선교사로 일하였고 이제 은퇴를 앞둔 조나단 선교사는 참으로 훌륭한 인격의 소유자였고, 그의 아내는 선교사 가문 3대째로, 조부로부터 아프리카 선교사로 섬긴 신앙의 명문이었습니다. 그의 아들 역시 AIM Air에서 항공 선교사로 일하는 선교사 4대였습니다. 이런 과정을 거쳐 AIM International의 정회원이 되었습니다. 후에 호주 지부장이 한국 AIM 선교사들을 영어권인 호주 관할 하에 두려고 억지를 부린 일이 있었지만, 이 일 외에는 아프리카로 가는 모든 여정이 순조로웠고 은혜스러웠습니다.

chapter 9

하나님, 동남아시아로 가면
안 될까요?

사람은 참으로 간사한 존재입니다. 아프리카 선교사가 되겠다는 것은 본인의 결심이었습니다. 무엇보다 어린시절 읽었던 알버트 슈바이처의 위인전에서 받은 감동이 가장 큰 영향력이었습니다.

"아! 이렇게 멋진 생애가 있구나, 목사의 아들로 태어나 목사, 의사, 신학자, 음악가, 오르간 연주자로 이름을 날린 이 분, 알버트 슈바이처!"

그러나 선교지에 가겠다는 계획이 구체적이 되면서 가장 죄송하고 마음 무거웠던 부분은 양가 부모님을 떠나야 한다는 부담감이었습니다. 장남과 장녀인 저희 부부에게 지난 12년 한국에서의 생활과 목회 동안, "선교사로 떠나면 언제라도 따라가서 돕겠다."고 하셨던 나의 어머니, 기도의 후원자이셨던 어머니께서 세상을 떠나셨습니다. 늘 엄격하기만 하셨던 아버지도 어느덧 80을 바라보는 노인이 되셨고 처가의 부모님들도 70 중반의 노인들이셨습니다.

아프리카로 가는 항공은 아직 직항이 없으며 연결 노선을 찾아도 매일 출발할 수 없고, 일주일에 한두 번 밖에 연결이 되지 않았습니다. 선교지를 결정하는 과정에서 출발하기 전까지 가장 많이 드린 기도의 내용은 "하나님 제가 꼭 아프리카로 가야 합니까?" 라는 항변이었습니다.

"하나님 매일 한국 오는 비행기가 있는 나라, 혹시 허락하시면 매일 한국으로 오는 직항이 있는 동남 아시아로 가면 안되겠습니까?"라고 기도하면서 아주 구체적으로 'ㅇ국' 이라는 나라의 이름까지 들먹이며 하나님과 흥정을 하였던 적이 있었습니다. 그렇게 한참 울면서 몸부림치며 기도를 드렸는데도 아무런 응답이 없었습니다. 그러던 어느 날, 그날도 새벽부터 가슴을 치며 한참 기도를 드리고 일어서는데 이런 생각을 주셨습니다.

"내가 언제 너에게 아프리카로 가라고 했느냐? 네가 결정한 것이지 나는 너에게 그렇게 지시한 적이 없단다…"

12살에 아프리카 선교사를 꿈꾸었고 영국 셀리옥에서 공부할 때 아프리카 선교사들을 만나서 '언젠가는 아프리카로 가겠다'고 했던 것도 나의 결심이었고, 케냐 동부 아프리카 장로교회 대표들(PCEA)이 한국을 방문했을 때 그 분들에게 '케냐에 가서 선교사로 일하고 싶다'고 고백했던 것도 나의 생각이었지, 하나님의 인도하심도 지시도 아니셨습니다.

한동안 고민을 하던 끝에 결국 저는 아프리카행을 결정하였고, '여러 우여곡절' 끝에 "케냐보다 더 오지로, 케냐에서 다시 배를 타든지 비행기를 타고 더 들어가야 하는 곳으로 가겠습니다."라는 고백을 드렸습니다.

chapter 10

왜 마다가스카르로 가셨어요?

"왜 마다가스카르로 가셨어요?"

지난 9년 동안 가장 많이 받은 질문 가운데 하나였습니다. 사실 저는 오랫 동안 케냐를 위해서 기도하며 준비해 왔습니다. 2006년 예닮교회에서 부목사로 5년, 그리고 담임목사로 7년을 보내고 받은 안식년 동안에도 케냐 나이로비에 머물면서 본인이 일 할 곳과 아내가 일 할 병원, 아이들이 다닐 학교 등을 준비하였습니다.

그런데 돌아보니 "사람이 마음으로 자기 길을 계획할지라도 그 걸음을 인도하시는 분은 여호와시니라."는 잠언의 말씀처럼, 선교지를 정하는 일은 사람의 일이 아니라 하나님께서 하시는 일이었습니다.

본인이 섬기던 예닮교회의 장로님 권사님 내외분들이 아프리카로 사파리 여행을 떠나신 다음 돌아오셔서 케냐의 북부 툴카나 지역을 방문하셨는데, 너무나 가난하고 불쌍한 사람들을 만나셨고 그곳에 교회를 지어 주기로 헌금을 모아 오셨다는 보고를 하셨습니다. 툴카나는 나이로비에서 비포장으로 17시간을 달려야 하는 남수단으로 가는 오지입니다.

이 분들의 사피리 일정을 가이드한 선교사는 장로님들께 이런 오지의 가난한 곳을 보여드렸고, 교회를 짓고자 하는 마음을 갖게 하셨습니다. 감동을 받아서 그 곳에 교회를 지을 수 있는 충분한 헌금을 모은 분들과 온 교회가 합심하여 카소로이-예닮교회를 지어 봉헌했습니다. 뿐만 아니라, 더 많은 예산을 들여 학교도 짓고 현지에 있는 목사와 교사들의 월급도 예닮교회가 후원하고 있었습니다. 그 뿐만 아니라 예닮교회의 해외선교위원회는 카소로이-예닮교회를 위한 목적헌금을 모았고, 그 액수는 수 천만 원이 넘었습니다.

그렇게 되자 케냐에 교회를 짓게 된 전후 사정을 알지 못하는 성도들로 부터 "김 목사가 케냐에 선교사로 가기 위해서 미리부터 그렇게 지원을 하였던 것이다."라는 말이 나오기에 이르렀고, "그 교회에 김 목사가 선교사로 간다."는 말도 들렸습니다. 아프리카에서 케냐는 남아프리카 공화국의 요하네스버그와 함께 가장 발전한 나라이고 아프리카의 관문으로 통하는 곳입니다. 그러나 툴카나의 카소로이 지역은 정말로 사람이 살기 어려운 환경이며 그곳에서 선교하고 있는 한국인 선교사는 단한 사람도 없습니다.

이런 일들이 앞에서 말씀드린 '여러 우여곡절'입니다. 그래서 본인은 이런 오해의 소지를 없애기 위해서 앞에서 말씀드린 대로 케냐보다 더 먼 오지로 가겠다고 결심하였던 것입니다.

　그러나 저의 복음 선교 말고도 또 고려해야 할 사항이 있었습니다. 그것은 아내가 의료 선교를 할 수 있는 나라를 찾는 일입니다. 본인이 일할 곳은 아프리카 어디라도 상관 없습니다. 아프리카 어느 나라라도 교회가 있으니 목사인 본인은 세계교회협의회의 형제 교회들, 혹은 세계개혁교회 전통을 따르는 형제교회를 찾을 수 있을 것입니다. 그러나 아내의 의사 면허증과 전문의 자격을 인정해 주는 나라는 별로 없었습니다. 그리하여 이리저리 다양한 경로를 통하여 알아 본 결과, 아프리카 수십 개의 나라 중에서 한국 의사 면허와 전문의의 자격을 그대로 인정해 주는 나라가 바로 마다가스카르라는 사실을 확인 할 수 있었습니다. 그래서 저희는 가벼운 마음으로 이곳 마다가스카르를 하나님께서 인도해 주신 선교 사역지로 알고 순종하였던 것입니다.

chapter 11

선교지?
사람이 결정하는 것 아닙니다

그렇게 긴 세월 동안 아프리카를 위해서 기도했고 모든 일이 특별히 케냐를 마음에 두고 케냐 교회 지도자들과 약속까지 하였지만, 내 뜻 대로만 진행되지는 않았습니다. 저는 이 과정을 겪으면서 많은 것을 배웠습니다.

허드슨 테일러(Hudson Taylor, 1832-1905)는 중국내지선교회(China Inland Mission)를 창설했고 중국 선교의 아버지라 불리는 분입니다. 그는 처음에 인도를 마음에 품고 준비하였습니다. 그러나 하나님께서는 그의 기도를 들어 주지 않으셨고 그를 중국으로 보내셔서 중국 선교의 큰 획을 긋게 하셨습니다.

언더우드와 아펜젤러도 똑 같은 경험을 했습니다. 호레이스 언더우드(H. G. Underwood) 역시도 인도를 마음에 두고 서원하고 기도했던 사람입니다. 어린 시절 인도 선교사의 체험담을 듣고 그의 마음은 온통 인도로 가득차 있었습니다. 그는 인도어를 배우는 등 만반의 준비를 하고 있었습니다. 그러나 하나님께서는 그의 나이 25살이 되던 해 그를 조선 땅으로 부르셨고, 그의 일생 뿐만 아니라 후손들까지 한국에서 헌신하도록 하셨습니다.

그와 함께 한국 땅을 밟은 감리교 선교사인 헨리 아펜젤러(Henry Appenzeller)도 역시 조선이라는 나라를 알지도 못했으며 일찌기 일본 선교사가 되기로 서원하고 준비하던 중, 자기의 의지와는 상관없이 조선으로 보내졌습니다. 그는 조선 땅을 사랑하며 섬기다가 성서번역회의 모임에 참석하기 위해 목포로 가는 중 군산 앞바다에서 배가 침몰하여 순교하게 됩니다.

저 역시도 선교지를 결정하는 과정에서 선교지는 사람이 정하는 것이 아니라 하나님의 인도하심과 섭리에 따라 결정된다는 사실을 깨닫게 되었습니다. 선교지에 있으며 배우게 된 중요한 교훈 중 하나는 자신의 생각이 하나님의 결정을 앞서 가서는 결코 안된다는 사실이었습니다. 말로는 항상 순종 헌신 겸손이라고 하지만, 성령의 인도하심보다 먼저 앞서서 사람이 결정하고 하나님께서는 나중에 동의만 해 주시기를 바라는 일들이 우리 주변에 얼마나 많은지를 알게 되었습니다.

두려워 떨던 엘리야에게 나타나신 하나님은 크고 강한 바람 가운데도 계시지 않으셨으며, 무서운 지진 가운데도 계시지 않으셨고, 오히려 세미한 소리 중에 계신(왕상19:12) 분이심을 잊지 말아야 할 것입니다.

chapter 12

'마다가스카르' 라고요?
거기가 어디예요?

2007년까지만해도 사람들은 마다가스카르를 몰랐습니다. 사실은 저도 몰랐습니다. 어린 시절부터 선교사의 꿈을 품었기 때문에 당연히 세계지리에 관심이 많았습니다. 어린시절 세계 여러 나라의 이름과 수도를 외우는 것이 취미였습니다. 그러나 아프리카 동쪽 인도양의 남서부에 이렇게 큰 섬이 있다는 사실은 몰랐습니다.

인디아의 앞에는 실론이라고 불리던 스리랑카가 있고 그 나라의 수도는 콜롬보라는 것을 알고 있었습니다. 그러나 아프리카 대륙의 앞에는 섬이 없고 동쪽으로 계속 오면 남반구의 제일 큰 섬, 호주라고 불리는 오스트레일리아와 뉴질랜드가 있다고만 생각했습니다. 그러나 마다가스카르를 소개받고 아프리카 지도를 다시 보니 거기에 그렇게 큰 섬 나라가 있었고, 그 외에도 모리셔스, 레위니옹, 코모로, 먀요트, 세이셸 등, 여러

나라들이 있다는 사실을 비로소 알게 되었습니다.

마다가스카르는 인도양 남서 쪽에 위치한 세계에서 4번째로 큰 섬입니다. 참고로 제일 큰 섬은 그린랜드, 두번째가 뉴기니, 세번째가 보르네오, 그리고 그 다음이 마다가스카르입니다. 마다가스카르보다 작은 섬들은 카나다의 버핀 아일랜드, 수마트라, 일본의 혼슈, 영국 등이 있습니다.

마다가스카르는 남북한의 2.7배, 남한의 5.8배로 대단히 큰 섬입니다. 인구는 약 2,200만 명이 살고, 인종은 인도네시아-말레이 계통의 폴리네시언이 주류이고, 서쪽으로는 아프리카 계통의 흑인들, 그리고 북쪽으로는 아랍계로 이루어졌습니다. 선천적으로 성품이 착하고 온화한 사람들입니다. 다른 사람을 해치거나 공격하지 못하는 선량한 백성들입니다.

착하고 순진한 말라가시 아이들의 미소

피부는 아프리카 사람과 아시안의 중간 정도로 검고, 머리카락 역시 직모와 곱슬이 반반입니다. 눈은 크고 속눈썹은 아주 길고 아름답습니다. 기후도 나름대로 4계절을 가지고 있으며 크게는 우기(11월~3월)와 건기(4월~10월)로 나누어 집니다.

이 곳에 사는 말라가시들은 자연환경과 기후와 같이 성품도 온화하여 나라가 평화롭습니다. 이들에게 복음이 전해 진 것은 일찌기 1818년 영국 교회를 통해서 입니다. 선교 초기가 지난 후 30여년 동안은 기독교에 대한 박해가 있었지만, 곧 신앙의 자유와 포교가 허용되면서 개신교회들이 많아졌고 기독교인들의 숫자가 늘어 났습니다. 초기 영국선교사들은 말라가시 언어를 만들어 주었고, 의식주의 생활과 문화에 많은 변화와 발전을 가져다 주었습니다. 학교 교육을 도입하여 초등학교와 상급학교 교육을 시켰으며 많은 공헌을 하였습니다.

1895년부터는 프랑스가 이 섬 나라를 점령하여 식민지로 착취하였고 1960년 독립할 때까지 많은 수탈을 자행하였습니다. 그 이후 아프리카 대부분의 나라들이 그러하였듯이 제3세계 동맹국이 되어 서구의 식민 통치자들을 싫어하는 성향으로 비동맹과 공산주의에 가까워졌습니다. 1970~1980년 동안에는 외교적으로 북한과 아주 가까웠으며 당시 대통령인 라치라카는 북한을 여러 번 방문하기도 했습니다.

1988년 서울 올림픽에 참석하지 않는다는 조건으로 인민소년소녀 궁전과 대통령 궁을 지어 주었고 지금도 마다 대통령의 집무실과 영빈관으로 사용되고 있습니다. 당시에는 북한 대사관이 개설되어 있었지만 2000년대 초에 북한의 경제 악화와 마다가스카르 정부가 자본주의와 시장 경제를 따르면서 철수하였고, 그 결과 지금은 더 이상 북한 사람들은 볼 수 없습니다.

말라가시 교회는 1818년 영국의 런던선교회(LMS)를 통해서 복음을 받았으며 프랑스가 통치하던 19세기 말부터는 가톨릭 교회가 크게 성장하였습니다. 지금 마다가스카르 인구 중 약 48%가 기독교인입니다. 그 중의 절반은 가톨릭이고, 나머지 절반은 마다가스카르 예수그리스도 교회(FJKM)와 노르웨이 루터교회가 선교한 마다가스카르 루터교회(FLM), 성공회 교회를 비롯한 다양한 교단의 배경을 가진 개신교회들입니다. 섬의 북부지역과 북동부는 이슬람의 영향이 강하고 아랍계통의 주민이 많아 자연히 회교도지역이 되었습니다. 전국적으로 약 7% 정도의 이슬람교도들이 있지만 아직은 기독교-이슬람교 간에 종교적인 갈등은 없습니다.

영국의 런던선교회(LMS, London Missionary Society)는 리빙스튼을 아프리카로 파송했던 개신교 선교회입니다. 한국의 첫 순교자로 기억되는 토마스(Robert J. Thomas) 목사를 중국에 파송했으며, 만주지역에서 최초의 한글 성경을 번역했던 로스(John Ross)와 맥켄타이어(J. McIntyre) 목사 등을 파송했던 선교회입니다. 1814년 런던선교회는 마다가스카르에 선교사를 파송하였으나 마다가스카르 섬에 도착하기 전에 모리셔스에 먼저 안착하여 거기에 선교 지부를 정하였고 모리셔스에서 복음을 전하였던 적이 있습니다.

그로부터 4년 후인 1818년, 런던선교회는 존스(David Jones) 목사 부부와 베번(Thomas Bevan) 목사 부부를 마다가스카르에 파송하여 사역하게 했습니다. 이들 중에서 존스 목사를 제외한 세 사람은 도착 후 일년이 되기도 전에 말라리라로 세상을 떠납니다. 홀로 살아 남은 존스 목사는 문자가 없는 언어에 영문 알파벳을 이용하여 말라가시 글자를 만들어 주었고, 교회와 학교를 세워 교육과 복음 전파에 혼신의 힘을 다 쏟았으며 도착한 지 17년 후인 1835년, 아프리카 언어로는 처음으로 신구약 성경 전체를 말라가시 언어로 번역 출판하였습니다.

이 성경은 마다가스카르 선교 역사에 자랑으로 남아있습니다. 그러나 곧 이어 시작된 기독교 박해로 존스 선교사도 마다가스카르를 떠나야 했고 그 외의 많은 사람들이 불에 타서 죽고 절벽에서 떨어져 죽어야 하는 순교의 피를 흘려야 했습니다.

본인은 처음에 이런 교회들이 있는 사실을 알지 못하고 마다가스카르에 도착하였습니다. 그러나 곧 바로 마다가스카르 예수그리스도교회(FJKM)를 소개받게 되었으며, 2009년 이 교회에 저를 파송한 한국기독교장로회(PROK)를 소개하고 두 교단이 선교협력 파트너가 되도록 연결하였습니다.

제2부

주님이 명령하신 땅
마다가스카르

chapter 1

마다가스카르를 소개합니다!

> "사람들은 선하고… 시간은 서 있고…"
>
> – KBS가 마다가스카르를 소개한 '걸어서 세계로'의 표제입니다.

푸른 하늘, 깨끗한 공기, 밤하늘에 펼쳐지는 수억의 별들과 은하수… 철따라 온갖 과일이 풍성한 자원의 보고(寶庫), 그리고 이 세상에서 가장 착한 사람들이 사는 평화와 안식의 나라, 마다가스카르에 오심을 환영합니다.

아프리카를 소개하는 서적이 너무나 적습니다. 그중에서도 한글 서적은 찾기가 어렵습니다. 그래서 여러 자료를 모아서 여기 옮겨 두었습니다. 참고가 되시면 좋겠습니다.

소위 곤드와나(Gondwana; 고생대 말기에 있었던 남반구의 큰 가상

대륙)의 마지막 남은 지정학적 유산, 혹은 흔적이라고 불리어지는 이 땅의 유래를 찾는 것은 쉽지 않습니다. 하나님의 피조물인 이 섬은 마치 거인의 왼 발자국 같은 모양이며 그 발가락들은 인도양에 흩어진 여러 섬

마다가스카르의 아름다운 자연, 다양한 동물들, 그리고 선한 사람들

들이라고 설명하는 사람도 있습니다. 아프리카 대륙에서 400km 떨어진 이 섬은 반투(Bantou; 아프리카 중남부 흑인들의 통칭), 아랍, 그리고 아시아와 유럽의 문화가 혼합된 Austronesian이라 불립니다. 고고학자들은 다양한 해양민족들이 오래 전부터 살기 시작했다고 설명하는데 그 시작을 주후 1000년 경으로 추측합니다.

목가적인 열대의 섬이라는 상상을 완전히 포기할 필요는 없습니다. 마다가스카르에서는 모래 해변에 누워 뒹굴거나 수정같은 물속에 뛰어들며 때때로 산호초를 엿보는 것 이상의 신비로움이 감추어져 있습니다. 마다가스카르의 삼림은 엄청난 숫자의 초목이 모여 바람에 흔들리며 솟아오르고, 나뭇잎들이 뚝뚝 떨어지고, 자연의 혜택을 받은 영리한 짐승들이 나뭇가지에 뛰어 오르고 미끄러지면서 살아가는 곳입니다.

동남아에서 한 두 그루를 보고도 사진기를 펼치는 트래블러스 트리(라비랄라)는 산 전체를 뒤덮고 있으며 가장 흔한 나무 중에 하나입니다. 여우원숭이, 카멜레온, 빙카 나무, 바오밥 나무, 알로에, 도마뱀붙이, 시파카와 낙지 나무까지 볼 수 있는 곳이 바로 이곳입니다.

수 만년 동안 아프리카 본토에서 떨어져 있으므로 마다가스카르의 풍부한 삼림은 자연주의자들의 꿈과 같은 곳이며 특수성이 유지되어 왔고, 지구상의 다른 어떤 곳에서도 볼 수 없는 특이한 종(種)들로 성장해 왔습니다. 마다가스카르에 오시면 국립공원에서 이 모든 것들을 보실 수 있습니다. 이곳은 자원의 보고이자 인도양에 감추어진 보물섬입니다. 때묻지 않은 미소와 선함, 아담과 하와의 순진함이 그대로 남아 있는 축복의 섬입니다.

(1) 통계 자료

- 정식 국명: 마다가스카르 공화국(Republic of Madagascar)
- 면적: 594,180km^2
- 인구: 2,300만 명
- 국내총생산: $108억 세계129위(2015 IMF 기준)
- 1인당 명목 GDP: $460
- 수도: 안타나나리보(Antananarivo, Tana ,해발 1,300m~1,500m)
- 인종: 말레이-인도네시안, 아프리카계-아랍계 혼혈,
  프랑스계, 인도-중국계
- 언어: 마다가스카르어(말라가시) + 프랑스어(공용어)
- 종교: 기독교 45%, 회교 5%, 토착신앙 46%, 기타 4%
- 평균수명: 63세(2015년 추정)

(2) 정치

헤리 라자우나리맘피아니나 대통령이 2014년 1월에 취임하였습니다. 2009년 쿠테타 이후 선거를 통해서 정부가 세워져 외면적으로는 조용하지만 정권이 허약하고 안정되지 못한 상태입니다.

최근의 불행과 혼란은 경제발전과 프랑스로부터 자립을 주장하던 마크 라발루마나나 전 대통령의 두 번째 임기 중인 2009년 3월, 프랑스의 조종을 받은 군부의 지원으로 어설픈 쿠데타가 발생한 것에 기인합니다. 그리하여 전 대통령이 남아공으로 망명하였고 프랑스 꼭두각시 정권인 안드리 라주엘이라는 젊은 타나 시장이 임시 정부를 만들었습니다.

UN, EU, 아프리카 연합 등 서방 국가들로부터 인정받지 못한 채 5년 동안 정치적 불안과 혼란이 계속되고 경제는 점점 나빠졌습니다. 휴매니테리언 지원/원조 외에는 모든 국제 도움이 끊어졌고, 국제기구의 압력으로 여러 차례 대통령 선거가 예정 되었으나 미루다가, 2013년 12월 대선과 총선을 함께 치루고 새 대통령 헤리가 당선, 2014년 1월 취임하여 국제사회의 인정은 받았지만 여전히 불안합니다. 경제와 서민들의 생활

은 어려워지고 치안과 안전이 점점 나빠지고 있습니다.

(3) 지리 및 기후

마다가스카르는 세계에서 네 번째로 큰 섬입니다. ①그린란드(대서양) ②뉴기니(태평양) ③보르네오(태평양) ④마다가스카르(인도양) ⑤버핀(북극해), ⑥수마트라(인도양) ⑦일본 혼슈(태평양) ⑧영국(대서양)의 순서입니다.

마다가스카르는 스페인과 포르투갈을 합친 것 같은 크기이고, 한반도의 2.7배, 남한의 5.8배에 해당합니다. 마다가스카르는 인도양에 있는 섬이며 아프리카 본토와 모잠비크 운하를 사이에 두고 400km 떨어져 있습니다. 모리셔스, 리유니언, 로드리게스, 코모로스 같은 주변의 화산섬들과는 달리 마다가스카르는 화산 분화로 탄생한 섬이 아니라 대륙이 표류하는 과정에서 만들어진 섬으로 아프리카 본토에서 1억 6천 500만 년 전에 떨어져 나왔다고 합니다. 동쪽 해안의 좁고 긴 땅에는 다우림이 무성하며 고도가 높은 중앙 고원은 서늘하고 서쪽에는 평원과 저지 고원이 위치합니다.

마다가스카르는 아주 다양한 환경의 생육지가 있는 대륙의 축소판이라 할 수 있으며, 다른 섬들과 마찬가지로 마다가스카르에만 있는 동식물이 많습니다. 국제 자연 보존 협회는 마다가스카르를 지구상에서 가장 생태학적으로 풍부한 나라 중 한 곳으로 지정했습니다. 마다가스카르와 근처의 코모로스에 아프리카에 있는 꽃나무의 1/4이 있습니다. 그리고 여우원숭이 중 90%, 세계 카멜레온의 50%가 마다가스카르에서 발견됩니다. 건조 지역에는 바오밥 나무와 특이한 선인장과 알로에가 자라고, 믿을 수 없을 만큼 풍부한 생태계를 직접 눈으로 볼 수 있습니다.

인간이 이 섬에 들어오면서 쌀과 길을 내기 위한 벌채 기술을 가져왔고 오늘날은 그 상황이 심각해졌습니다. 현재는 원래 삼림의 15% 정도만이 남아 있습니다. 남쪽 끝 부분만 제외하면 마다가스카르는 대부분 열대 기후에 속합니다.

고도가 높은 곳에서는 겨울에 눈도 볼 수 있다고 합니다. 무역풍은 동쪽에서 불어오고 계절풍은 북서쪽에서 불어옵니다. 동해안과 북쪽 끝에는 비가 많이 오지만 강수량이 적은 지역인 고원 남서부는 일 년 내내 건조합니다. 1월에서 3월까지 동해안 북쪽 끝, 때로는 남쪽 끝에도 파괴적인 사이클론이 덮쳐옵니다.

(4) 역사

마다가스카르 국민들은 아시아인과 아프리카인의 혼혈이며 1500년에서 2000년 전부터 마다가스카르에서 살아 왔습니다. 석기 시대의 유물들을 보면 아마도 더 오래전에도 문명이 존재했던 것으로 보입니다. 이주자 대부분은 말레이-폴리네시아 계로 인도네시아와 남동 아시아에서 인도양을 건너 왔지만 동아프리카에서 온 사람들도 있습니다. 아랍인, 인도인, 포르투갈 상인, 유럽 해적, 프랑스 개척민들이 모두 뒤섞여 오늘날 마다가스카르에 살고 있는 공식적인 18개 부족 혹은 씨족이 형성되었습니다. 초기의 마다가스카르인들이 자신들이 남동 아시아에서 키우던 작물을 가지고 들어왔고, 논이 끝없이 펼쳐진 마다가스카르의 농업 지역 풍경을 보면 마다가스카르가 마치 아시아에 있는 나라처럼 느껴집니다.

마르코 폴로는 여행기에서 마다가스카르에 대해 적고 있으며 아랍의 지도 제작자들 역시 마다가스카르의 존재를 알고 있었습니다. 이 나라에 처음 도착한 유럽인들은 포르투갈 사람들이었습니다. 1500년 디에고 디아스의 지휘를 받는 함대가 도착하여 기지를 건설한 이래, 포르투갈인, 네덜란드인, 영국인이 모두 이 섬에 영구적인 근거지를 만들고자 노력했습니다. 이 지역은 희망봉을 돌아오는 배를 공격하기에 아주 입지가 좋았기 때문입니다.

유럽과의 무기 및 노예 거래가 활발해지면서 마다가스카르에는 여러 왕국들이 생겨났고 작은 왕국끼리 대립하는 경우가 잦아졌습니다. 18세기 후반이 되자 메리나 부족이 주도권을 잡았습니다. 1820년 영국은 메리나 부족의 통치 아래 독립상태를 인정하는 조약에 서명했지만 영국의 영향은 20세기까지도 강하게 남아 있었습니다. 1883년 경이 되자 영국은 조용해지고 프랑스가 마다가스카르에서 공식적으로 인정되는 유일한 유럽 세력으로 남았습니다. 그 대신 프랑스는 잔지바르에서의 영국 주권을 인정해 주었습니다.

프랑스는 1895년 서부 해안을 통해 침략해 들어와 메리나 부족의 방어를 물리치고 조세프 갈리에니 장군을 초대 총독으로 하는 식민 정부를 세웠습니다. 갈리에니는 1897년 라나바루나 3세 여왕을 알제리로 추방하면서 마다가스카르의 군주제를 종식시켰습니다. 그는 영국의 영향력을 일소하려 애쓰면서 프랑스어를 공식 언어로 선언하여 마다가스카르어도 없애려고 했습니다. 프랑스가 명목상으로는 노예 제도를 폐지했지만 실제로는 억압적인 세금 체계를 도입하여 세금을 내지 못하는 사람은 강제적으로 노동력을 빼앗길 수밖에 없었습니다. 토지는 외국인 정착민과 회사를 위해 몰수되었고 수입과 수출은 커피 농장을 기반으로 발전해 갔습니다.

2차 대전 동안 마다가스카르의 프랑스 식민 정부는 프랑스 비시 괴뢰 정부에 협조했고, 영국은 일본의 침투를 막아 마다가스카르를 인도양의 기초 기지로 이용한다는 명목상의 핑계로 마다가스카르를 공격했습니다. 1943년 영국은 드골의 자유 프랑스에 마다가스카르를 돌려주었습니다.

전후 마다가스카르는 애국주의적 독립운동이 있었지만 많은 마다가스카르 인들은 프랑스의 기준으로 훈련받았고 식민지는 계속되었습니다. 그들은 더 이상 스스로의 나라에서 2등 시민 취급을 받고 싶지 않았습니다. 1947년 폭동이 일어나 수 만의 마다가스카르 인들이(80,000명 추산) 희생되었지만, 뿌리깊은 억압과 만행은 근절되지 않았습니다.

1960년 마다가스카르는 평화롭게 독립했지만 프랑스계 정착민들이 여전히 절대 권력을 장악하고 있었습니다. 초대 대통령이었던 필버트 치라나나는 점점 압제적이 되어 갔고, 메리나 부족 출신임에도 불구하고(메리나 부족은 일반적으로 소련 진영으로 기우는 경향이 있었다) 공산 국가와의 외교를 거부했습니다. 그는 1972년 마다가스카르 남부에서 일어난 폭동을 잔인하게 진압하였는데 그것이 치라나나의 몰락의 시작이 되었습니다. 그는 곧 사임하면서 권력을 군대 사령관이었던 가브리

엘 라만초아 장군에게 넘겨주었습니다.

마다가스카르가 독립한 이후 경제는 서서히 하락하기 시작했고 마다가스카르가 아프리카 경제 연방(Communaute Financier Africaine, CFA)에서 탈퇴하자 퇴락의 속도는 더해갔고, 프랑스 농장주들은 도매업에서 손을 떼고 자본과 기술을 수습하기 시작했습니다. 군 출신의 대통령이 자주 바뀌는 것도(취임한 지 일주일만에 암살된 대통령도 있었다) 어려운 경제에는 전혀 도움이 되지 못했습니다. 디디에 라치라카 제독이 이끄는 새로운 관리 집단은 권력을 잡자 은행과 다른 주요 산업을 보상없이 국유화하기 시작했고 남아 있던 프랑스계 사람들은 돈과 기술을 가지고 짐을 싸 본국으로 돌아갔습니다.

1970년대 후반이 되자 마다가스카르는 프랑스와의 모든 관계를 단절했으며 정부는 공산 국가 쪽으로 아주 많이 기울어져 갔습니다. 리차라카는 1989년 3월 선거에서 상당히 의심스러운 승리를 거두었고 이는 곧 폭동으로 이어졌습니다. 더 심한 일은 1991년 평화적인 시위를 하던 시위대가 북한에서 훈련받은 대통령 경호인단에게 북한의 김일성이 88서울 올림픽의 불참 댓가로 지어준 라치라카의 화려한 새 궁전 앞에서 무참히 살해당했습니다.

90년대 초반에는 시민 폭동이 잦았고 알버트 자피 교수가 4년의 임기 동안 나라를 단결시키거나 관료들의 실정을 극복하는데 실패한 후, 1996년 라치라카가 선거에서 다시 승리해 전 세계를 놀라게 했습니다. 그러나 2000년 초 마다가스카르에는 엄청난 사이클론이 여러 차례 몰아닥쳤습니다. 이로 인해 130명 이상의 사망자가 났고 10,000명 이상이 집을 잃는 등, 민심이 흉흉해져 갔습니다.

거듭되는 실정과 경제적인 몰락으로 라치라카의 인기는 떨어져 갔고, 그후 치러진 대통령 선거에서 라치라카는 당시 안타나나리보 시장인 라발루마나나에게 졌습니다. 원래 전쟁을 싫어하는 국민성과 대통령의 실정에 염증을 느낀 국민들은 라발루마나나를 새 대통령으로 인정하였고, 결국 프랑스의 개입으로 라치라카는 프랑스로 망명을 떠나게 되었습니다. 이로서 새롭게 수립된 정부는 서구와의 관계 개선과 공산주의를 탈피한 자유시장 경제를 표방하며 가난과 부정부패를 척결하려고 노력했습니다.

2009년부터 다시 정치적 불안이 계속되고 있습니다. 군부의 힘의 입은 뒤에 쿠데타 정부는 아프리카 연합, 유럽연합과 서방국가의 인정을 받지 못하고 2009년 12월 23일부로 미국의 경제 특혜(AQUA)에서도 제외 되어 혼란이 가중되었습니다.

(5) 경제

마다가스카르의 국내 총생산은 108억불입니다. 일인당 GDP는 US$460이며 연간 경제 성장률은 6~8%(라발루마나나 대통령 시절), 0.6% (2009년 쿠데타 시절)로 세계에서 가장 가난한 나라들 중 하나입니다.

연간 인플레이션은 5% 정도로 추정되며 주요 산업은 농업(향료, 커피, 설탕) 및 석유제품 생산이고, 주요 교역국은 프랑스, 중국, 일본, 미국 순서입니다. 통계상으로는 경제규모가 세계 129위라고 하지만 현지에서 외국인들은 마다가스카르가 세계에서 두 번째로 가난한 나라라고 합니다.

마다가스카르의 현지인들의 실제 수입 정도를 알면 이 나라 경제를 짐작하실 것입니다. 정부가 제시한 변호사 기본 급여 500불, 의사 300불, FJKM 교회 목사 60불, 신학대학 교수 110~150불, 교사 80~100불, 은행원 200불, 노동자 50불입니다. 그러나 빈부의 편차는 상상을 초월할 정도로 큽니다. 부자들은 우리나라 집 10배~20배 규모의 주택에 살며 계절마다 프랑스로 쇼핑을 가고 휴가를 즐깁니다. 심지어 정기적으로 건강 검진을 받으러 유럽으로 가기까지 합니다.

(6) 기독교 · 선교 역사와 현황

마다가스카르는 다른 나라들과 달리 가톨릭보다 개신교회가 먼저 복음을 전했습니다. 첫 선교사는 베번(Thomas Bevan)과 존스(David Jones)입니다. 이들은 1818년 마다가스카르의 동부해안, 타마타브에 도착했고, 처음부터 학원선교를 시작하였습니다. 이듬해인 1820년 수도인 안타나나리브(타나라고도 불림)로 이동하여 로얄 스쿨을 열었습니다. 이들은 한국의 첫 개신교 순교자로 기억되는 토마스(Robert J. Thomas) 목사를 파송한 같은 선교회인 런던 선교회(London Missionary Society) 출신들입니다.

1823년 3월 23일 King Radama 1세는 선교사 다비드 존스에 의해 제안된 알파벳을 이용한 문자를 수용하였고 왕과 여섯명의 사람들만이 Malagacho-Arabic을 읽을 수 있었습니다.

1820년 두 선교사가 타나에 도착한 다음 곧바로 성경번역 작업을 시작하였고 이 일에 열 두명의 말라가시들이 동참하여 번역작업을 하였으며, 1828년 누가복음 번역, 1830년 신약 완역, 1835년 6월 21일 신구약 전체 성경 번역을 마쳤으니, 이것이 아프리카 언어 전체를 통틀어 첫 번째로 성경이 완역된 케이스입니다. 1827년 라다마 1세가 죽기까지 많은 책들이 번역, 소개되었으며 상급학교 수준의 비정규적인 신학교육도 시작되었습니다.

그러나 아들 Radama 2세의 뒤를 이은 그의 어머니 Queen Ranavalona 1세가 말라가시의 여왕이 되면서 처음에는 기독교에 호의적이었다가 그녀의 측근 중 서양 선교사들이 온 것은 결국 이 나라를 자기들의 나라에 귀속시키기 위함이라는 말을 들은 다음, 차츰 기독교에 적대감을 가지게 되었고, 결국 1835년부터 기독교를 박해하는 여왕으로 돌변하였습니다. 그 해 8월 14일 첫 순교자가 생겼으며 이렇게 죽고 죽이는 피의 역사는 26년 간이나 계속되었습니다. 1849년 기독교 박해가 극에 달하였습니다. 이 해에 많은 선교사들과 기독교인들이 돌아 맞아 죽고, 불에 태워져 죽고, 절벽에서 떨어져 죽었습니다.

그러나 그녀가 죽고 나자 그 뒤를 이은 강력한 전제군주인 Queen Ranavalona 2세 때는 전 여왕과 달리 기독교를 적극적으로 수용하며 선왕의 과오를 회개하고 여왕 궁 안에 왕실 교회를 세웠으며 박해의 역사를 종식시켰으니 그 왕실 교회가 지금도 여왕 궁 안에 든든히 서 있습니다. 이때 전국 각지에 수많은 교회들이 세워졌고 1869년부터 수년 동안 세워진 교회가 전국에 아주 많습니다.

이 즈음에 가톨릭, 성공회, 그리고 루터교회의 전도가 허용되었고 학교와 병원들이 만들어 졌습니다. 라나발루나 2세 여왕은 기독교를 국교로 공인할 계획을 가지고 있었으나 이루어지지는 않았습니다. 이미 1876년 LMS와 데이빗슨(Davidson) 박사에 의해 Medical School이 시작되었으며 아날라켈리에 병원도 문을 열었습니다. 1869년에는 영국의 전통을 따르는 신학대학(Theological Academy) 이 개교하게 되었습니다.

1896년부터 1905년까지 프랑스 식민통치에 반대하는 애국운동으로 인해 다시 기독교회가 박해를 받았고, 프랑스 지배에 들어간 다음 개신교회는 약화되고 상대적으로 가톨릭 교세가 급격하게 성장하였습니다. 식민지 동안 많은 개신교회들이 문을 닫거나 다른 용도로 사용되기도 했고 영국 선교사들이 세운 학교와 병원이 가톨릭 소유로 바뀌고 국영으로 빼앗기기도 했습니다.

1913년 개신교 연합(개혁교회, 성공회, 루터란) 이 만들어 졌고, 1968년 LMS와 FFM(Friends Foreign Mission, 퀘이커 전통)와 MPF(Mission Protestant Francaise, 프랑스개신교회)가 연합, 마다가스카르 예수 그리스도 교회, FJKM(Church of Jesus Christ in Madagascar)이 만들어 졌습니다. 이것이 현재 FJKM교회로서 아프리카 최대의 개신교 단일교회로 6,800교회와 580만 신자들이 소속되어 있는 대표적인 교단입니다. 2018년은 마다가스카르 선교 200년이 되는 해입니다.

한국교회와의 관계는 2007년 한국기독교장로회가 파송한 본인, 김창주 목사를 에큐메니칼 선교동역자로 받아들이면서 FJKM교단과 선교협력 관계를 열었고, 2009년부터 양 교단은 파트너십을 갖게 되었습니다.

한국의 기장, 예장(통합)과 세계교회협의회(WCC)와 세계선교위원회 (CWM)를 통하여 상호 협력하는 관계이며 대한성서공회에서는 말라가시 성경을 인쇄하여 기증하고 수출하여 왔습니다. 특히 2009년에는 김창주 목사의 제안으로 말라가시-잉글리시 성경을 만들어 처음으로 말-영 대조 성경이 출판되었고, 말라가시 성서공회에 기증하였습니다.

가장 최근 통계로는 전체 국민 가운데는 41%가 기독교(가톨릭과 개신교회)이고, 52%의 토착신앙(지역에 따라서는 95%가 샤마니즘에 속해 있기도 하다), 그리고 약 7%의 이슬람교로 분류합니다. 지금도 교회와 교인 수는 성장하고 있습니다. 이슬람 교도들이 적극적으로 포교 활동을 하고 있으며 동시에 세계의 모든 이단들도 들어와 포교활동을 하는 것을 주시할 필요가 있습니다.

(7) 문화

마다가스카르의 현대 음악과 전통 음악 대부분이 인도네시아와 아프리카 본토, 특히 케냐에서 영향을 받은 리듬 중심으로 되어 있습니다. 이런 리듬은 플루트와 호각, 바순을 닮았지만 연주되는 것은 하프 비슷한 특이한 28현짜리 악기인 발리하(valiha)로 반주됩니다. 코르도폰 (cordophone)이라고도 불리는 로캉가 보아타보(lokanga voatavo) 역시 인기 있는 악기이며 우크렐레(ukelele)와 비슷한 카보시(kabosy)같은 기타 종류도 인기 있습니다.

피아나란츄아라는 시골 마을은 최근 일종의 문학적 수도로 발전했으며 많은 소설가와 작가들이 이곳에서 글을 쓰고 있습니다. 1930년과 40

년대까지는 문학이 그다지 발전하지 못했으며 카바리(kabary)라 불리는 전통 웅변이 높게 평가되었습니다. 카바리는 각 연사가 돌아가면서 발언하는 초기의 정치 집회에 그 근원이 있습니다. 이것이 발전하고 대중화되면서 일종의 오락 형태로 일반 대중에게까지 확대되었던 것입니다.

프랑스어가 공용어로 정해져 있기는 하지만 마다가스카르어도 널리 쓰이고 영어에 대한 호감이 대단합니다. 마다가스카르어는 인도네시아어와 많은 폴리네시아계 언어가 속해 있는 오스트로네시안(Austronesian) 어족에 속하며 언어학상의 친척은 남부 보르네오에서 쓰이는 말이라고 합니다. 프랑스어, 아랍어, 가까운 지역에서 쓰이는 아프리카어, 영어 등에서 단어를 많이 차용해 왔습니다.

마다가스카르인의 50%가 전통 신앙을 믿고 있고 독실한 기독교 신자들도 여전히 전통 의식을 열광적으로 행합니다.

마다가스카르 인들은 죽은 사람을 존경과 경의를 가지고 대하며 현세만큼 사후 세계도 중요하다고 봅니다. 죽은 사람이 산 사람들의 생활에서 중요한 역할을 하는 경우는 다른 문화에서는 보기 힘든 점입니다. 추모자들은 장례식에서 아주 복잡한 의식을 행하고, 그것이 죽은 이를 만족시키지 못했다고 생각될 때는 그 혼을 달래기 위해 의식이 다시 행해집니다. 그중 가장 유명한 것이 파마디하나, 혹은 뼈 뒤집기라고도 불리는 의식으로, 죽은 사람을 무덤에서 다시 꺼내서 환대하고, 말을 걸고, 수의를 갈아입혀 선물과 함께 다시 묻는 것입니다. 기독교에서는 이런 모든 행위를 이교적인 것으로 반대하나 가톨릭 교회는 토착화라는 입장에서 상당히 수용하는 자세를 보입니다.

마다가스카르 음식에서 빠질 수 없는 것은 쌀로, 다른 요리 없이 쌀만 먹을 수는 있지만 쌀 없이 요리를 먹지는 못합니다. 쌀 외에 마다가스카르에서 인기있는 음식으로는 로마자바(romazava, 쇠고기와 야채 스튜), 라비토토(ravitoto, 카사바를 곁들인 돼지고기 스튜) 등이 있습니다. 음식에 자주 곁들여지는 것은 절인 야채로 만든 매콤한 카레인 아차드(achard)이며. 해안 지방에서는 해산물이 맛있고 값도 싸지만 많이 먹지 않습니다. 일년의 대부분 기간 동안 파인애플, 리찌, 망고, 바나나 같은 열대 과일을 마음껏 먹을 수 있습니다. 사계절 동안 언제나 신선한 과일을 먹을 수 있어 마다가스카르 여행의 즐거움을 더해 줍니다. 계절마다 나오는 열대 과일이 다르므로 어느 계절에 방문하였느냐에 따라서 서로 다른 경험을 가질 수 있습니다.

프랑스의 영향으로 커피가 아주 맛있고 차보다 대중적입니다. 지역 특산 맥주인 THB(Three Horses Beer)도 훌륭하고 암발라바오(Ambalavao)와 피아나란츄아 주변에서는 와인이 생산되는데 그 중에는 회색 술(gris)이라 불릴 만큼 회색을 띈 와인이 맛 좋기로 유명합니다.

(8) 축제 · 행사 · 여행자 정보
마다가스카르의 휴일과 축제일은 내용과 시기가 다양합니다. 부활절이나 크리스마스, 성령강림일, 그리고 예수 승천일과 같은 일반적인 기독교 휴일 외에도 해마다 독립기념일인 6월 26일과 성탄절 즈음에는 혼란스러울 정도로 사람이 붐비며 온 사회가 소란합니다. 이때는 축제와 술렁이는 분위기로 돈을 허비하는 일들도 흔하고 좀도둑과 강도들도 성합니다. 특별히 조심하여야 합니다.

(9) 여행자 정보

비자: 방문객은 모두 비자를 받아야 합니다. 비자는 입국일부터 3개월간 유효하고 도착 후 이곳 공항에서도 받을 수 있습니다. 2008년부터 입국비자 비용이 대폭 인상되어 83달러(60유로)로 올랐으나, 쿠테타 이후 여행객이 감소하여 1개월 방문의 경우는 비자 비용을 면제해 주고 있습니다. 2016년 현재에도 1개월 방문 비자는 도착해서 받을 수 있고 비용도 면제입니다.

건강상 위험: 해안 지역은 말라리아가 위험한 곳입니다. 주혈흡충병, 간염, 선 페스트 등을 조심하여야 하며 죽은 동물이 눈에 띄면 멀리 떨어져 있어야만 그러한 감염으로부터 신체를 지킬 수 있습니다. 출입국을 위해서는 특별한 예방 접종은 요구하지 않으나 아프리카 대륙을 경유할 경우 황열병 예방 접종을 받아야 합니다. 예방접종은 한국의 경우 을지로 6가의 국립의료원과 인천공항에서 사전 예약하고 맞을 수 있으며 한 번 맞으면 10년 유효합니다.

말라리아에 대해서는 미리 약을 먹어 예방하는 경우가 있으나 부작용이 있습니다. 그러므로 대개 미리 약을 먹지 않고 의심되면 약을 사용하는 방법을 추천합니다. 그러므로 여행 후 한 달 동안은 감기와 비슷한

증세가 없는지 예의주시해야 합니다. 말라리아를 위해서는 좋은 약들이 많습니다.

시간: 협정 세계 표준시(GMT)에서 3시간을 더해야 합니다. 즉, 영국보다 3시간 빠르고 한국보다는 6시간이 늦습니다. 한국이 정오면 마다는 같은 날 아침 6시에 해당합니다.

전기: 220V로 한국과 동일합니다. 모든 전기 제품은 그대로 사용하실 수 있습니다. 그러나 접전(어스) 유무에 따라 모양은 다를 수 있습니다. 가장 심플한 220V이면 어디나 사용 가능합니다. 도량형은 미터법을 사용합니다.

필수품: 썬글라스, 손전등(정전시, 시골 길), 전자 매트(각 방에 한 개), 긴팔 옷이 반드시 필요합니다. 4~10월에는 꼭 가디건 같은 긴팔 옷들을 가지고 오십시오. 여기는 1,300m 고지라는 점을 염두에 두셔야 합니다.

경비 및 환전:
통화 말라가시 아리아리 Ariary, (MGA) 환전: 1USD = 3264 Ariary, 1 EURO= 3689 Ariary (2015년 9월기준)
저렴한 숙소 $10~$15
중급 호텔 $20~$40

고급 호텔 $50~$100

최고급 호텔 $100 이상

저렴한 현지 식사 $1~$5

일반 레스토랑 식사 $10~$20

최고급 레스토랑 식사 $30 이상

마다가스카르는 여행 경비가 비교적 적게 드는 곳입니다. 농산물은 싸지만 공산품은 비쌉니다. 그러나 휘발유 가격은 한국과 거의 차이가 없습니다. 또한 인터넷도 원활하지 않습니다. 그래서 자동차 비용, 인터넷 비용은 비쌉니다. 마다에서는 $15~$20이면 어디에서나 좋은 식사를 할 수 있습니다. 그렇지만 이 비용도 말라가시들의 월급에 비하면 상상을 초월하는 금액입니다. 식당에서는 물도 사서 마십니다. 외국인들이 이용하는 아주 비싼 식당도 있습니다.

마다가스카르에도 한국사람들이 운영하는 민박과 식당이 있습니다. 아리랑, 크럽 마다가스카르, 사랑방 같은 곳들입니다. 주 고객은 현지인과 외국인들입니다. 숙소는 $5~$10로 묵을 수 있는 숙소로부터 보통 $30~$50 정도면 비교적 깨끗한 호텔을 찾을 수 있습니다. 시골로 가면 하루에 $30 정도만 가지고도 음식과 숙박을 해결할 수 있지만 수도 타나나 노시베 같은 휴양지에서는 비용이 상당히 비쌉니다. 하루 $150 이상 하는 호텔도 있습니다. 대도시와 리조트의 주요 호텔, 항공사, 규모가 큰 여행사에서 신용 카드를 쓸 수 있지만 받지 않는 곳도 많습니다. 아직 신용카드가 생활화 되어 있지 않습니다. 타나와 노시베의 비싼 호텔을 제외하면 팁을 주는 것은 일반적인 관행이 아닙니다.

보통 지역 관광국에서는 권장하지 않지만 쓸데없는 잔돈을 받지 않기 위해 음식점 영수증에서 끝자리를 올려서 지불하거나 아주 정성어린 서비스를 받았을 때 팁을 주는 것은 나쁘지 않습니다. 정가라는 개념은 실제로 값비싼 호텔을 제외하면 거의 존재하지 않고 작은 가게나 시장에서는 처음 부르는 값을 치러서는 안됩니다. 현지인들만큼 싸게 살 수는 없겠지만 흥정도 하지 않고 부르는데로 제 값을 다 주고 산다면 상인들에게 바보처럼 보일 뿐입니다.

(10) 여행 시기

4계절 언제나 여행 할 수 있습니다. 한국의 겨울은 이곳에서 가장 덥고 한국의 여름이면 이곳은 오히려 서늘하고 추위까지 느껴집니다. 기후 때문에 여행 시기를 지정할 필요는 없습니다. 3월~7월은 덥지 않지만 약간씩 추위를 느끼는 정도이고, 10월~3월에는 망고를 비롯한 각종 과일이 풍부하여 마다를 방문하기에 좋은 계절입니다. 우기 중이라도 (11월에서 3월) 사이클론의 직접 영향권 안에만 들지 않으면 여행에는 지장이 없습니다.

비는 주로 저녁과 밤에만 옵니다. 그러나 마다가스카르는 지역별로 기후가 다양하므로 중앙 고원 지역은 여름에도 상쾌하나, 6~7월은 겨울이므로 바닷가가 아닌 수도 타나를 방문하는 경우는 점퍼나 스웨터를 가지고 오는 것이 현명합니다. 춥다고 할 때 최저 기온은 섭씨 5~8도 정도이나 안시라베 지역에는 얼음이 얼기도 합니다. 고지대의 경우, 햇볕

아래에서는 35~38도에 이르는 더위가 있지만, 그늘에 들어가면 선선해지는 천혜의 기후를 가지고 있습니다. 그러나 해변은 여름에 35~40도가 넘는 대단히 더운 지역도 있습니다.

chapter 2

마다가스카르는 원래
북한과 가까웠습니다

1960년대 초 많은 아프리카 나라들은 독립한 이후 제3세계동맹에 속하여 공산주의/사회주의를 표방했습니다. 마다가스카르도 1960년 독립한 이후 특별히 북한과 가까운 우방이었습니다. 북한의 김일성 주석은 이 나라에 농업기술, 벼, 담배, 송어 양식 기술을 전수하였고, 양국 사이에는 많은 교역이 있었습니다. 북한의 주체사상은 이 나라 중고등학교 교과서에서 가르칠 정도로 중요한 이데올로기였다고 합니다. 물론 양국에 대사관이 있었고, 마다의 라치라카 대통령을 비롯한 고위 관리들은 북한을 여러 번 방문하기도 하였습니다.

1988 서울 올림픽에 참석하지 않는 조건으로 북한은 이 나라에 대통령 궁(야브루, 현 대통령의 집무실)을 지어 주었고 제2도시인 타마타브에는 인민소년소녀궁전(지금은 거의 폐허로 된 채 건물만 남음)을 지어

주었습니다.

1975년 북한을 방문하고 대대적인 환영을 받은 라치라카 대통령의 사진을 당시 함께 대통령을 수행했던 나의 친구, 전 국무총리 디지레 장군을 통해서 받았습니다. 마다와 북한은 이런 상호 우호국이었습니다.

그러나 30년이 지나고 북한 대사관은 모두 철수하였고 북한 사람들은 이제 한 사람도 없습니다. 대신에 대한민국의 교민들이 이주하여 사업을 확장하고 한국 선교사들이 하나님의 나라를 위해서 활발하게 선교합니다. 한국의 현대 자동차가 거리를 누비며 삼성과 LG의 전자제품이 불티나게 팔립니다. 또 현지에서 판매되는 타이어 중 한국 타이어와 금호 타이어의 인기가 아주 높습니다.

격세지감을 느낍니다. 참 세상은 빠르게 변화합니다. 그 역사 가운데 우리가 살아가고 있습니다. 한국에서는 보기 드문 다음 페이지의 사진 속 평양 거리와 풍경들을 감상하십시오. 1975년 평양입니다.

에피소드 1

당시 북한을 방문했던 디지레 총리는 북한 사람들이 진심으로 자기들의 지도자 김일성 주석을 사랑하고 존경하는 모습을 보았다고 합니다. 북한에 대한 아주 긍정적인 평가였습니다. 자기 눈에는 가식이 아닌 진실로 보였답니다. 그런데 지금 북한이 그렇게 가난해 졌고 많은 국민들이 굶어 죽는다는 가슴 아픈 소식과 그 후계자들이 국민의 빈곤과 가난을 뒤로하고 전쟁과 핵무기를 준비하는 것이 너무나 안타깝다고 걱정하였습니다. 이 분은 북한의 미사일 개발, 많은 탈북자의 남한 이주, 정착,

그 중에서 다시 북한으로 돌아가서 남한을 욕하는 사람들이 거짓말을
한다는 소식도 알고 있을 만큼 남북한에 관심이 많은 분입니다. 저에게
진심으로 남북한이 서로 잘 살게 되기를 원한다고 말했습니다.

김일성 주석, 라치라카 대통령, 디지레 장군을 포함한 양국 정상들이
평양에서 회담했던 1975년의 사진들

에피소드 2

디지레 장군이 북한에 갔을 때, 북한 사람들에게 "왜 하나님을 안 믿는냐?"고 물었더니 미국이 가져다 준 기독교가 인민을 착취하고 우리 것을 다 빼앗아갔다고 대답하면서 기독교는 미제의 종교라고 하더랍니다. 당시 국무총리였던 이 분은 제가 가르치는 암바투나캉가에서 신학을 공부하였고, 후에 정치학을 전공하고 영어, 불어, 러시아어에도 능통합니다. 참모총장을 지낸 장군 출신이며 국무총리를 12년 동안 역임한 훌륭한 크리스천입니다. 지금도 장년 교회학교에서 성경 말씀을 가르치며 우리 신학교 후원회장 역할을 하는 분입니다. 저는 이분을 우리 신학교에서 처음 만났습니다. 그때 저에게 "안녕하십니까? 반갑습니다."라고 한국말로 인사했던 기억이 아주 생생합니다.

에피소드 3

중앙 왼쪽의 사진을 자세히 보면 김일성 주석과 라치라카 대통령 사이에는 남자 통역관이 한 사람 있습니다. 잘생긴 짧은 헤어스타일의 이 사람이 말라가시와 한국말(북한말)을 통역했답니다. 두 나라 정상이 처음 만났을 때 김일성 주석이 "마다가스카르는 어떤 말을 쓰냐?"고 물었답니다. 라치라카 대통령이 "우리는 말라가시와 불어를 씁니다."라고 대답하였습니다. 이에 김일성은 "독립한 나라가 아직도 프렌치를 쓰다니, 앞으로 나와 대화할 때는 마다가스카르 말과 한국말을 직접 통역하기를 원한다."고 하면서 북한 인재 6명을 안타나나리브 대학에 유학시켜서 말라가시를 배우게 했고 그들 중에 한 사람이 완벽한 말라가시어로 두 정상의 대화를 통역했다고 합니다. 이것이 주체사상입니다. 비록 지금은 주민들을 착취하고 굶겨 죽이는 집단이 되었지만, 당시 북한 김일성 주석이 보여 주었던 그런 자세는 높이 치하할만 합니다.

chapter 3

어느 아프리카
소년의 시

When I was born, I black

(태어날 때, 나는 검다)

When I grow up, I black

(자랄 때, 나는 검다)

When I go in sun, I black

(햇빛 아래에서, 나는 검다)

When I cold, I black
(추울 때에도, 나는 검다)

When I scared, I black
(무서움에 질릴 때, 나는 검다)

When I sick, I black
(아플 때에도, 나는 검다)

And when I die, I still black.
(그리고 내가 죽을 때에도, 나는 여전히 검다)

And you, white fellows
(그런데 당신들, 백인들은)

When you born, you pink
(태어날 때는, 분홍이다)

When you grow up, you white
(자랄 때는, 흰색이다)

When you go in sun, you red

(태양 아래에서는, 빨간색이다)

When you cold, you blue

(추울 때는, 파란색이다)

When you scared, you yellow

(겁에 질리면, 노랗게 변한다)

When you sick, you green

(아플 때는, 녹색이다)

And when you die, you gray.

(그리고 당신들이 죽을 때는, 회색으로 변한다).

And why you calling me colored?

(그런데 왜 당신들은 나를 유색인종이라고 부르는가)

제3부

마다가스카르
선교지에서…

chapter 1

선교 계획서

본인은 한국기독교장로회 서울북노회에 소속된 목사로서 금번 본 노회에서 해외선교협력위원회를 통하여 아프리카 마다가스카르(Madagascar)국 선교 동역자로 파송받기를 원하여 파송 청원과 함께 선교계획서를 아래와 같이 제출합니다.

본인은 한국신학대학과 한신대학원(신학석사, Th. M)을 마친 후 군종 장교로 복무하였으며 전역 후에는 영국과 미국 유학을 거쳐 현재 예닮교회에서 12년 간 (부목사 5년, 담임목사 7년) 목회하였습니다. 지금까지 지켜 주시고 인도해 주신 하나님의 은혜에 감사드립니다.

본인은 오랜 동안 아프리카 선교를 생각하며 준비하였고, 대학원에서는 '세계선교신학의 발전에 관한 연구' 라는 주제로 선교신학을 전공하였습니다. 이후 영국에서도 선교학으로 유명한 버밍엄대학 선교학부인 셀리옥 칼리지(Selly Oak College)에서 '1910 에딘버러 선교대회에서의 아시아인의 공헌' 이라는 제목으로 디프로마(Post Graduate Diploma) 학위를 받았습니다. 본 교단 선교 동역자가 되기 위한 필수과정인 세계선교아카데미 과정도 지난 2월 마쳤습니다.

작년 본인은 안식년 기간 중, 한 달여 동안을 아프리카 케냐에서 보내면서 현지 교회 사정과 여러 선교지들을 살펴 볼 수 있었습니다. 모든 아프리카 대륙이 절대적인 선교와 개발의 도움을 필요로 하는 곳이었지만, 금번 아프리카 동부 인도양에 있는 큰 섬 마다가스카르를 방문하여 직접 현장을 체험하고 그곳을 본인의 선교지로 정하게 되었습니다. 세계에서 4번째로 큰 섬이면서 9번째로 가난한 나라라고 불리는 마다가스카르는 아직 한국교회에 알려지지 않은 미지의 땅이었습니다. 본인은 그곳의 순박한 사람들의 눈망울에서 100년 전, 혹은 120년 전 우리 선조들의 모습을 발견할 수 있었습니다.

이번에 파송 받으면 아내와 본인은 앞으로 1년 동안 현지어와 영어 공부에 집중할 것입니다. 말라가시(마다가스카르 언어)는 전혀 새로운 언어이면서 현지의 1800만 명이 사용하는 공용어임으로 절대적으로 중요한 언어입니다.

또한 본 교단은 아직 마다가스카르 교회와도 선교협력관계를 맺지 못했음으로 본인은 앞으로 마다가스카르에서 개혁교회 전통을 가진 교회를 찾아 본 교단과 선교 협약을 맺도록 이 일을 주선하여야 하고, 본인도 교단 파송 선교 동역자가 되어야 하는 과제가 남아 있습니다.

본인은 현재 마다가스카르에 있는 유일한 목사, 즉, 첫 번째 한인 목사입니다. 그러므로 현지에 있는 한인 공동체와 한인들의 영적문제에도 관심을 가져야 하지만 무엇보다 우선적인 관심은 앞으로 본 교단과 현지 교회가 우호적인 선교협력과 목회적 신학적 교류를 통하여 상호 발전하도록 선교 프로젝트들을 개발해 나가는 데에 두어야 할 것입니다. 차후에 본인은 말라가시들을 위한 교회를 개척하여 목회하며 현지 교단과의 목회적 교류와 현지 교단의 신학교에서 가르치는 일도 하기를 원합니다.

지금은 진행 중이지만 본인의 아내는 산부인과 전문의로서 현지에서 의료활동을 할 수 있는 의사 자격을 얻기 위해 행정적인 절차를 진행 중입니다. 이 문제가 잘 해결되면 아내는 정부 병원이나 선교 병원 등에서 전문직 선교사(의료선교사)로 봉사할 것입니다.

아무쪼록 서울북노회와 노회 산하 모든 교회들의 기도와 관심, 그리고 해외선교협력위원회의 지도를 바라면서 하나님께서 허락하신 귀한 사역을 충성스럽게 감당하기를 바랍니다. 대단히 감사합니다.

2007년 8월 30일 김창주 목사

여기는 맨발입니다!

마다가스카르에 도착해서 처음 받은 가장 큰 충격은 사람들이 맨발로 살아간다는 사실이었습니다. 깨끗한 잔디밭에서 맨발로 살아가는 것이 아닙니다. 사람이 다니는 길과 차도의 구분이 없는 거리, 더러운 오물이 넘쳐나고 흐르는 길, 소똥과 개똥, 사람 똥이 뒤섞여 있는 길, 죽은 쥐가 썩고 있는 길, 시궁창에는 오물이 질퍽한 그곳을 남자도 여자도 어린 아이 들도 태연스럽게 맨발로 걸어 다닙니다. 아들과 함께 걸어가는 아버지의 발을 보면, 서너 살 짜리 아들도 아버지도 모두가 맨발입니다.

"아, 사람이 이렇게 살 수도 있구나!"
"사람이 이렇게 살아도 되는 걸까?"

제 머리를 떠나지 않는 탄식이며 질문이었습니다. 아이들의 발을 자세히 들여다보면 발가락 사이가 벌어지고 발톱은 빠졌고 발이 기형으로 자란 것을 보게 됩니다. 그때 생각했습니다.

"한국에서 신지 않는 신발들을 모아서 여기에 가져오면 좋겠다."

저는 선교보고서를 보낼 때마다 마다의 어린이들과 어른들이 맨발로 다니는 사진들을 찍어 올렸으며, 사회 각계각층에 '사랑의 신발 보내기 운동'을 벌이자는 취지를 호소했습니다. 다음은 제가 보낸 어느 선교편지의 일부입니다.

"(전략) 저는 요즈음 너무나 아픈 가슴을 안고 살아갑니다. 이른 아침 맨발로 걸어 다니는 사람들을 보는 마음 때문입니다. 한 여름 매우 더울

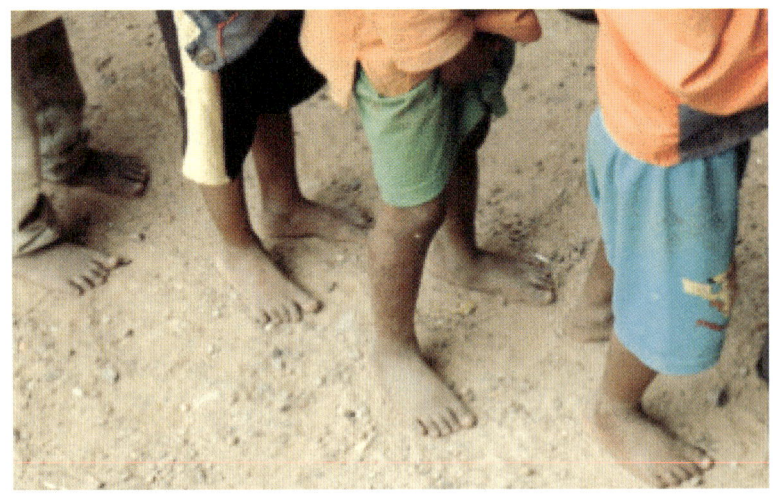

맨발로 살아가는 말라 가시 소년들

때는 느끼지 못했던 가슴 깊은 곳에서부터 전해 오는 애간장을 끊는 아픔입니다. 인구의 절반 이상이 맨발로 다니는 것을 보면서 말로 다 표현할 수 없는 아픔과 불편함과 견딜 수 없는 죄송함을 느낍니다.

그래서 이곳을 방문하고 가신 한일웅 목사님과 한국에 있는 그 많은 신지 않는 신발, 버리는 신발, 샌들을 모두 모아서 이곳에 보내는 일을 하자는 의논을 하였습니다. 플라스틱 슬리퍼 하나만 있어도 이 추운 땅바닥에 맨발로 지내는 것보다는 낫지 않겠습니까. 따뜻한 옷도 중요하지만 신발이 얼마나 몸을 따뜻하게 하는지 여러분들께서도 아실 것입니다.

한국에서 신지 않는 신발들을 모아 주시면 저는 이곳으로 가져오는 방법을 연구하겠습니다. 그리고 이곳에 가난한 사람들에게 그 신발들을 모두 나누어 주겠습니다. 이 일에 많은 분들이 동참해 주시기를 기대합니다."

— 2008년 6월 14일 선교보고 중에서

저의 이러한 호소에 많은 분들께서 공감하셨고 국내에서 '마다가스카르 사랑의 신발 보내기' 운동으로 전개되었으며, 2008년 5월 마다가스카르를 방문하신 목사님들을 중심으로 기장 해외선교협력위원회의 후원 사업으로 확대되기에 이르렀습니다.

이 운동은 제가 한국을 방문하는 동안 더욱 적극적으로 소개되어서 신발뿐만 아니라 피아노, 컴퓨터, 초음파기계 등 의료장비와 의약품, 도서와 의류, 축구공, 키보드에 이르기까지 많은 기증물품들이 모아지게 되었고, '김창주 목사 선교후원회'를 통하여 답지한 기증품들을 컨테이너 한 대에 실어 마다가스카르로 보내게 되었습니다.

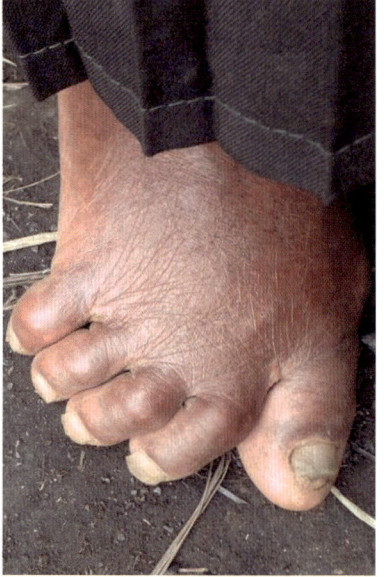

길거리에 앉아 있는 할머니　　　　　　　할머니의 일그러진 발가락들

　　드디어 2008년 12월 총 189박스, 7천여 켤레의 신발과 그 외 많은 사
랑의 선물들이 마다가스카르 항구에 도착했습니다. 이 일에 얼마나 많
은 미담 사례들이 있는지 모릅니다. 6.25 당시의 가난을 생각하며 눈물
로 새 신발을 사서 보내 주신 분, 음악회 티켓 대신에 헌 신발을 가져오
면 입장하게 해 주신 복음성가 가수, 새벽기도회에 참석했다가 포스터
를 보고 참여한 다른 교회 권사님의 사연 등… 한마디로 기적이 일어난
것입니다!

　　기적은 한국에서만 일어나지 않았습니다. 여기 마다가스카르에서도
일어났습니다. 감사하게도 이 모든 물건들이 마다가스카르 대통령 비서

여러분들이 보내주신 신발들

실의 도움으로 비관세/기증물품으로 통관처리 된 것입니다. 의료장비와 신발이 비관세로 통관하게 된 일은 마다가스카르 역사상 이번이 처음이라고 합니다. 지난 총회 때 제가 라발루마나나 대통령을 만나 그분께 부탁드렸고, 대통령은 이 일을 기억하고 약속을 지켰으며 그후에도 적극적으로 도와주셨습니다.

한 평생 자기 신발을 가져 본 적이 없었던 가난한 사람들이 신발을 선물로 받고 얼마나 좋아했는지 모릅니다. 나누어 주는 사람, 받는 사람 모두에게 '사랑의 신발'은 한마디로 감동 그 자체였습니다.

좋아하는 표정들을 보세요

세계선린회의
양돈 프로젝트

양돈 프로젝트! 제목만 보아도 가슴이 벅차고 행복해집니다. 마다가스카르에서 시도한 첫 지역사회개발 프로젝트입니다. 많은 정성과 사랑을 쏟아 부은 보람된 사역이었습니다.

암부히드라난드리아나 라는 곳은 우리가 사는 안타나나리브에서 약 180km 떨어진 안치라베라는 도시에서 다시 비포장으로 16km 산길을 달려야 만나는 곳입니다. 그곳에는 가는 데만 5시간 이상 걸립니다. 도로사정이 열악하기 때문입니다. 아침 일찍 출발해도 돌아오면 저녁이 됩니다. 우기나 교통체증이 있을 때는 더 많은 시간이 걸립니다.

세계 선린회는 한국 전쟁 이후 우리를 도와 준 많은 서구 국가들과 교회들의 사랑에 감사하며 그 은혜를 갚기 위해서 만든 크리스천 NGO입니다. 세계 YMCA총재를 지내신 이수민 목사님과 대한적십자사총재를 지낸 서영훈 장로님, 전 국무총리셨던 고건 집사님, 그리고 신익호 목사님, 김천규 장로님 등 여러 어른들이 세우셨고, 현 회장은 김광집 목사님이십니다. 그 동안은 사업을 주로 동남아시아와 중국에 집중하셨는데 제가 아프리카로 간 것을 아시고 아프리카에 첫 사업으로 마다가스카르를 돕겠다고 제안하셨습니다.

처음 도착한 저는 이곳에서 여러 사람들에게 이 귀한 사업의 취지, 즉, 지역사회 개발과 그리스도의 사랑을 전하며 자립을 돕는 선린회의 프로젝트를 소개하였습니다. 그렇게 해서 모아진 의견이 암부히드라난드리아라는 오지 각 가정에 새끼 돼지를 나누어 주자는 것이었습니다. 새끼를 나누어 주고 9개월 후면 어미 돼지가 되어 새끼를 낳고, 그 돼지 새끼들을 잘 키워 두 달 후 다시 받은 숫자만큼의 새끼 돼지를 다른 가정에 나누어주고, 새롭게 받은 가정들도 역시 같은 방식으로 돼지를 키우는 프로젝트입니다. 이렇게 계속 다른 가정으로 확대해 나가므로 가난을 해소하며 자립의 기초를 만들어 가도록 돕는 사업이 세계선린회의 양돈 프로젝트였습니다.

암부히드라난드리아나 꼬뮨(시청)의 시장이 주관하여 양돈 위원회도 만들어졌습니다. 선린회는 2008년 5월 암부히드라난드리아나 꼬뮨과 합의문을 만들고 109마리의 키수 바자(요크셔) 지원-전달식을 가졌습니다. 그 중에 99마리의 암 돼지는 각 가정에 나누었고 종돈이 될 숫 돼지 10마리는 따로 키웠습니다. 사료는 각 가정에서 책임지기로 하고 예방접종과 비타민은 선린회가 제공하기로 했습니다. 안치라베에 있는 루

새끼를 낳았습니다

터교 산하 농업계발원에서 양돈교육과 기술지원도 아끼지 않았습니다. 그 마을의 돼지들은 약 9개월 후부터 임신하기 시작했고 마을 전체의 돼지 숫자가 늘어나기 시작했습니다. 급기야 마다가스카르의 유력 일간지에서도 이 곳 현장을 취재하여 국민에게 알리게 되었습니다. 다음은 대한민국 국민일보 2008년 8월 14일자 기사 내용입니다.

세계선린회, 아프리카 마다가스카르에 '희망 심기'

지구촌 가난한 농촌 마을들을 스스로 자립하도록 도움을 주는 세계선린회(회장 신익호 목사)가 세계 9번째 빈국인 아프리카 마다가스카르에 청소년직업훈련센터를 건립, 다양한 직업교육을 실시한다. [중략]

세계선린회 임원진은 또 마다가스카르 수도에서 168㎞ 떨어진 안시라베라는 시골 마을을 방문, 직접 구입한 새끼돼지 109마리를 100여 가구에 나눠주는 양돈지원 사업도 펼쳤다. 주민들이 키우던 돼지가 새끼를 낳으면 이 돼지를 옆 마을에 전해줌으로써 계속 퍼져나가게 하는 것이 이 운동의 목적이다. [후략]　　　　　　　　　　 – 김무정 기자 kmj@kmib.co.kr

첫 사업은 성공적이었고 마을 주민들은 희망과 기대로 고무되었습니다. 이 사업이 진행 되는 동안 재미있는 에피소드들이 많이 있었습니다. 돼지 사육이 잘 되는 가정이 있는가 하면, 돼지가 잘 자라지 않는 가정도 있었습니다. 우리가 제공한 돼지는 요우커셔 흰 돼지였지만 먹을 것이 없어서 말라가시 토종 흑돼지로 바꾸어서 키운 가정도 있었습니다. 돼지를 마치 딸같이 키우는 가정도 있었고, 같은 집 한 지붕 아래에서 돼지와 함께 잠을 자는 할머니도 있었습니다. 매일 돼지를 목욕시켜 털과 껍질이 깨끗하고 윤기가 나도록 키운 돼지들을 보면서 얼마나 코끝이 찡했는지 모릅니다. 그러나 교미하다 발목을 부러뜨린 돼지를 보면서는 가슴이 아프기도 했습니다.

첫 해 양돈 프로젝트는 성공이었고 저는 무한한 감사를 하나님께 드렸습니다.

돼지 새끼 나누어 주는 날

chapter 4

말라가시-영어
대조성경 프로젝트

말라가시-영어 대조성경은 마다가스카르 선교동역자로서 맺은 첫 열매입니다.

'마다가스카르 김창주목사 선교후원회'가 전적으로 지원한 프로젝트였습니다. 사실 이 아이디어는 독일의 한인교회에서 배운 것입니다.

2008년 뒤셀드로프에서 목회하시는 김동욱 목사께서 교포 2세 재독 청년들을 위한 집회에 저를 초청해 주셔서 강사로 섬겼던 적이 있습니다. 그때 교포 2~3세들을 위한 독-한 대조성경을 대한성서공회에서 출판한 일을 소개하면서 "참 의미 있는 성경 반포사역이었다."고 말씀하셨습니다. 그 때 저는 '아! 이것을 마다에서도 해야겠구나.'라는 아이디어를 얻었습니다.

그후 마다가스카르 성서공회(FMBM)의 마크 라쿠투 총무를 만나 의논했더니 그도 깜짝 놀라며 좋아했습니다. 마다가스카르가 프랑스 식민지였지만 아직 말라가시-불어 성경도 없고, 특히 2007년부터 헌법을 통해서 영어를 제3공용어로 정했기 때문에 시기적절한 좋은 생각이라고 적극 지지해 주었습니다. 그뿐 아니라 말라가시 성경의 판권을 무료로 사용하도록 허락해 주기까지 하였습니다.

2008년 한국 방문 중, 대한성서공회의 권의현 사장과 호제민 목사를 만나 의논 드렸더니 두 분이 그 제안을 귀하게 여겨주셨습니다. 권 사장님은 이미 어려운 나라 마다가스카르와 이곳의 성서공회에 대해서도 잘 알고 계셨습니다. 그래서 본인은 한국을 방문하는 기간 동안 여러 교회에서 선교보고와 설교를 하고 받은 사례비와 선교비 전액을 대한성서공회에 '말라가시-영어 대조성경'을 위한 기금으로 헌금했습니다.

2009년 9월 서울에서 열린 말-영 대조성경 기증식

대한성서공회에서는 한 선교사가 선교지의 성경 출판을 위하여 1,700만 원이라는 종자돈(Seed Money)을 모아온 것이 처음 있는 일이라며 감동하셨고, 이 일을 적극적으로 지원하여 주셨습니다. 특별히 말라가시 성경의 원판(Type Set)을 이미 대한성서공회가 가지고 있으며 말라가시 성서공회에서 그 사용을 허락해 주신 것은 하나님의 인도하심이었습니다. 영어 번역본은 Good News Bible 영국판으로 하기로 하고 말라가시성서공회가 행정적인 절차를 밟아 최소한의 판권비용을 지불하게 되었습니다.

이러한 과정을 거치고 많은 분들의 기도와 도움으로 처음 만나 제안한지 만 1년도 되지 않은 2009년 9월에 5,012부의 말라가시-영어 대조 성경이 인쇄되어 본인이 파송되어 사역하는 마다가스카르 예수그리스도교회(FJKM) 총회장 랄라 라센드라하시나 목사와 마리나시 총무가 한국을 방문하였을때 전달식을 하게 되었습니다. 이 행사가 있기 전부터 마다가스카르의 모든 신문과 국영 방송에서는 이 사업을 대대적으로 소개하여 주었습니다.

놀라운 역사는 여기서 끝나지 않았습니다. 마다에 도착한 5,012권의 성경을 봉헌하는 예배를 드렸습니다. 마다의 국영 방송과 주요일간지에서 대대적으로 보도하였고 성공회 비숍과 가톨릭의 몬세뇰까지 참석하여 봉헌과 기증 감사예배를 드렸습니다. 이 성경은 특별히 젊은 세대들과 교파를 초월한 목회자들에게 인기를 얻어 순식간에 매진되었습니다.

암바투나캉가 신학교 학장인 로랑 라만바순 박사는 이렇게 평가했습니다.

한국 교회가 마다가스카르에 보내 준 최고의 선물: 말-영 대조성경

"이 말라가시-영어 대조 성경의 출현은 마다가사카르에 혁명과 같은 사건입니다. 그 동안 프랑스의 식민지로 불어권에만 맴돌던 말라가시들에게 영어권의 세계가 얼마나 넓고 큰지를 가르쳐 주었고 영어라는 언어를 통하여 만나게 되는 수 많은 민족과 확장된 세계를 마다가스카르에 소개하는 책이기 때문에 이것은 혁명(Revolution)입니다."

너무나 과장된 칭찬이 아닌가 하는 생각도 있었지만 말라가시 학자로서 자기 민족을 생각하는 소박한 솔직한 표현이라는 생각도 들었습니다.

이 일은 계속 발전하여 최근 12,000권의 말라가시-영어 성경의 재판을 대한성서공회에 주문하였습니다. 2009년에 선보인 첫 성경은 25,000 아리아리(한화 17,000원)에 판매되었습니다. 이 나라 생활수준을 고려하면 결코 적은 금액이 아닙니다. 두 번째 성경은 훨씬 비싼 40,000아리

2차 선적을 기다리는 말-영 대조성경 박스들

아리에 판매합니다. 재판을 인쇄할 때 보령초대교회의 이종화 목사께서 개인적으로 후원하여 주셔서 980권을 추가하여 총 12,980권을 인수받게 되었습니다. 이 또한 얼마나 감사한 일인지 모릅니다.

　이런 일들을 통하여 마다가스카르 성서공회는 2015년 6월 말라가시 성경 번역 180주년을 기념하는 연합예배에서 저와 직전 총무 마크 라쿠투, 그리고 마다가스카르 현직 대통령 헤리 라자오나리맘피아니나를 말라가시 성서공회의 종신 명예 이사로 추대해 주셨습니다. 이 귀한 추대에 감사드리며 본인도 힘닿는 데까지 돕고 기도할 것입니다.

chapter 5

선한 사마리아인의
지갑

미국의 'Samaritan Purse'라는 단체는 아프리카의 어린이들을 위해서 크리스마스 선물을 보내주는 기관입니다. 2010년 성탄절에 맞추어 컨테이너로 하나 가득 선물들을 보내 주었는데, 이 나라의 정치적 상황 때문에 2011년 부활절이 다 되어오도록 이 선물들이 마다가스카르 사람들에게 전달되지 못하였습니다. 아마도 여러분들은 이런 질문을 떠 올릴 것입니다.

"컨테이너로 도착한 선물들을 현지 어린이들에게 전달하는 것이 정치적인 상황과 무슨 관계가 있나요?"

그렇습니다! 우리 한국 사람들의 관점에서 보면 아무런 문제가 없을 일이지만 여기에서는 그렇지가 않습니다. 항구에 도착하여 통관을 하는 과정에서 갖가지 문제가 발생합니다. 제일 큰 문제는 세관원들이 통관을 시켜주는 대가로 갖가지 뇌물을 요구한다는 사실입니다. 그것도 공공연하게 이곳저곳의 해당기관에서 말입니다. 그러다보니 자연스럽게 창고보관 기간이 길어지면서 보관에 따른 비용문제 등이 발생합니다. 그래서 그 선물 상자들이 작년 크리스마스 이전에 마다가스카르에 도착했음에도 불구하고 4개월이 지난 아직까지 이곳 사람들에게 전달되지 못했던 것입니다.

어제 4월 5일은 정말 감동적인 날이었습니다. 선물 박스들이 통관되었다는 소식을 듣고 암바투나캉가 신학생들의 자녀들을 돌보는 어린이집 원장과 신학교 교목 목사님과 함께 선물이 도착해 있는 창고로 갔습

활짝 웃고 있는 고아원 관계자들

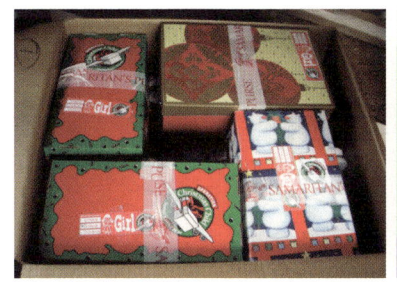
소녀들을 위한 선물

2~4세 소년들을 위한 선물

니다.

산더미처럼 쌓여 있는 선물들을 보는 순간 우리 모두는 너무나 감개무량했습니다. 상자 하나 하나를 개봉하면서 보내 주신 분들의 정성을 느낄 수 있었기 때문입니다. 너무나 고마운 분들! 아직도 이런 사랑의 마음을 가진 분들이 세계 도처에 있음으로 해서 우리 하나님께서는 죄악이 관영하는 지구별의 심판을 미루시고 계심을 알게 되었습니다.

선물상자 앞에서 기뻐하고 있는 현지 관계자들의 표정을 보십시오. Christmas Child 라고 프린팅되어 있는 박스들에는 소년들을 위한 선물, 소녀들을 위한 선물이 따로 따로 표시되어 있고 연령도 구분되어 있었습니다.

소녀들의 선물은 플라스틱 박스에 담겨 있어 재활용이 가능합니다. 소녀들을 위한 선물꾸러미 속에는 사탕, 칫솔, 연필, 빗, 손수건, 인형, 노트, 초콜릿, 스니커, 폴로, 연필, 색연필, 샌들, 안경 등등, 소녀들이 좋아할만한 물품들이 다양하게 들어 있었습니다.

2~4 Years Old Boys라고 되어 있는 박스를 열어보니 성탄 이야기

가 담긴 동화책도 들어 있었습니다. 빌리그래함 출판사에서 제작했습니다. 선물꾸러미 속에 들어 있는 편지들을 읽는 것은 또 다른 감동이었습니다. 어떤 편지에는 선물을 보낸 사람의 가족사진이 들어 있었습니다. 또 다른 편지에는 미국 우표가 두 장이나 붙여져 있고 영어로 이렇게 씌어 있었습니다.

"Please use this stamped envelope and paper to write us. God bless you and have a Merry Christmas… from Barnett's"

선물꾸러미 속에 들어 있는 편지와 가족사진

답장을 할지도 모를 아프리카의 가난한 가족을 배려하는 그 마음을 읽으면서 정말 이 사람들이야말로 '선한 사마리아인'이라는 생각이 들면서 가슴이 벅차올랐습니다. 저는 그날 밤 집으로 돌아와서 Samaritan Purse 사람들의 선행을 생각하면서 누가복음 10장 25절 이하의 말씀을 다시 한 번 펼쳐 보았습니다.

"어떤 율법교사가 일어나 예수를 시험하여 이르되 선생님 내가 무엇을 하여야 영생을 얻으리이까… 네 생각에는 이 세 사람 중에 누가 강도 만난 자의 이웃이 되겠느냐. 이르되 자비를 베푼 자니이다 예수께서 이르시되 가서 너도 이와 같이 하라 하시니라"

미국의 각처에서 아프리카의 가난하고 불쌍한 아이들을 생각하며 정성스레 보내준 선물, 그 선물을 받은 마다의 어린이들은 평생 동안 그날의 기쁨을 간직하며 살게 될 것입니다. 하나님의 말씀은 오늘도 이렇게 살아서 역사하고 계십니다.

chapter 6

불탄 교회가
새로 지어지기까지

이번에 다녀 온 이룬두루(Irondro)는 수도 안타나나리브에서 남동남 방향으로 532km 떨어진 마을입니다. 작년 12월 29일 교회에 불이 나서 건물이 전소되었으며 엎친 데 덮친 격으로 올 3월에는 큰 사이클론이 온 동네를 휩쓸었다고 합니다. 이런 재난으로 온 교회와 교인들이 심각한 좌절 가운데에 있었습니다.

이런 이야기를 들은 지 몇 달이 지났지만 그동안 돕지 못했습니다. 마침 한남교회(한일웅 목사 시무)의 한 권사님께서 마다의 교회를 돕기 위한 헌금을 보내주시겠다는 연락을 받아 감사한 마음으로 이룬두루 교회를 생각했습니다. 그리고 단숨에 다녀왔습니다. 532km이면 한국에서는 서울-부산이 조금 넘는 거리로 5~6시간 운전하면 갈 수 있는 거리인데, 여기에서는 가는 데만 꼬박 11시간이나 걸렸습니다.

불탄 이룬두루 교회터

수도에서 멀리 떨어진 이룬두루와 같은 시골 마을은 도시와는 비교가
되지 않을 정도로 어렵게 살아갑니다. 아프리카에 사는 사람들이 대부
분 모두 다 가난하지만 특히 지방 오지의 작은 촌락의 삶은 더욱 열악합
니다. 말라가시 사람들이 사는 리얼한 모습도 보았고 안타까운 교회의
상황도 보았습니다.

우리가 묵은 호텔도 판자로 지은 허술한 집인데 그래도 여기서는 호
텔이라고 부릅니다. 전기도 들어오지 않고 수도에서 물이 나오지 않아
마당 한 구석에 물통에 물을 받아 두었습니다. 밤에 그 물로 양치를 했는
데 다음날 아침에 그 물통 속을 보니 기가 막혔습니다. 마치 우리나라의

교회를 새로 짓는 공사현장, 우기가 오기 전에 지붕만이라도

1950년대 풍경과 흡사하다고 해야 할 것입니다.

Irondro FJKM 교회 교인들은 그 동안 교인들이 온 힘을 기울여서 불탄 교회 자리에 건축을 시작하여 성전 벽을 쌓았으나. 예산이 없어서 건축 자재를 조달하지 못하고 몇 달 간 중단된 상태였습니다. 막연히 하나님께 기도 드리며 이제 곧 우기가 시작되고 다시 사이클론이 오는데 그 전에 지붕이라도 덮게 해 달라고 간구하고 있었다고 합니다. 그런 상황에 저희가 11시간 걸려 운전하여 달려갔더니 교인들은 우리를 마치 하나님의 천사를 만난 듯이 반겨주었습니다.

그 후 이야기…

그로부터 1년이 지난 2012년 8월 15일(수)부터 일주일 간 Manakara에서 FJKM 총회가 열렸습니다. FJKM 총회는 4년 마다 열리는 가장 큰 총회인데 여기서 4년 임기의 총회장과 총무를 선출합니다. 올해의 또 하

불탄 바로 그 자리에 세워진 새 이룬두루 교회당

나의 큰 이슈는 교회 지도자의 정치 참여 허락의 건과 FJKM 신용조합을 만드는 일입니다. 쿠테타로 정치와 정국이 불안하므로 목사들의 상원의원, 하원의원, 시장과 도지사 출마를 허락할 것인지를 결의하게 됩니다. 저는 기장을 대표하여 총회에 참석하며 한국 교회를 대표하는 인사를 드렸습니다.

총회가 열리는 장소는 630여Km 떨어진 지방이고 이동하는 데만도 편도에 16시간 이상 걸렸습니다. 총회 장소로 오가는 도중에 한남교회가 지원한 Irondro FJKM가 있기에 들러보리라 작정하였습니다.

1년 만에 다시 찾은 이룬두르 교회는 과거의 불타버린 교회가 아니었습니다. 마치 작은 궁전 같았습니다. 새 모습으로 단장하고 아담하게 지어진 예쁜 교회는 지붕 도색만을 남겨놓고 있었습니다. 만나는 사람마다 감사하다고 인사합니다.

chapter 7

안짜하마미
양계 프로젝트

세 번의 양돈 프로젝트를 통해서 많은 경험들을 축적하게 되었습니다. 먼저 현실은 이론과 다르다는 것을 배웠습니다. 말라가시들이 설명하고 제시한 조건과 결과가 반드시 일치하지 않는다는 사실도 배웠습니다. 그리고 마다의 실정에서 양돈의 성공 확률은 여러 많은 변수들로 인하여 상당히 낮다는 것을 깨닫게 되었습니다. 그래서 안짜하마미 지역의 개발 프로젝트는 양계로 결정하고 준비과정을 철저히 거쳤습니다.

안짜하마미는 수도에서 약 30km 떨어진 가난한 마을입니다. 국도에서 3km 산으로 들어가면서 돌산을 지나고 언덕을 계속 올라가면 산 꼭대기에 1874년 영국 선교사들이 지은 안짜하마미 필라델피아 FJKM 교회가 있습니다. 가난한 지역의 교회는 양계장을 시작할 적당한 장소를 물색하는 데만 6개월이 걸렸습니다.

양계장 짓기 전의 야산

　그 과정에서 우리는 놀라운 은총과 축복을 경험하게 되었습니다. 지금까지 안짜하마미 교회는 본당과 사택만이 교회의 재산인 것으로 알고 있었습니다. 오랫 동안 주변의 양계장을 시작할 장소를 찾다가, 꼬뮨(시청)에 가서 지적도를 확인하였는데, 놀랍게도 교회 주변의 약 1,000평과 교회 아래 산중턱의 2,000 평이 영국선교사들이 구입해 둔 교회의 재산인 사실을 확인하게 되었습니다. 저는 이 사실을 2012년 11월 김창주 목사 선교후원회 카페에 선교보고로 올렸고, 예닮교회 청년부 출신인 민경준 씨가 읽은 후 "목사님, 140년 전에 영국 선교사들이 준비하신 땅이라니요!"라면서 축하의 댓글을 달아 주었습니다. 그렇습니다. 하나님께서는 그런 기적을 오늘도 준비하고 계십니다!

이런 교회 땅을 두고 그 동안 양계장 터를 찾으러 6개월이나 허비한 것입니다. 그러나 그것은 허비, 혹은 낭비가 아니라 우리 교회의 재산을 되찾는 과정이었습니다. 한국 선교사가 지역사회 개발프로젝트를 하면서 교회 재산을 찾게 된 일에 감사했을 뿐 아니라, 이 일을 위해서 무려 140여 년 전에 영국 선교사들이 터를 준비해 둔 사실에 또한 감격했습니다. 이 일은 교회의 온 교우들로 하여금 자신감을 얻도록 하기에 충분한 사건이었습니다.

교회는 교회 앞 공터를 넓은 공원과 주차장으로 만들었고 아이들이 뛰어 놀 수 있게 했습니다. 그리고 모든 교인들이 힘을 모아 산지를 깎아서 평지가 되도록 평탄작업을 시작했습니다. 나무를 베고 우물을 파 내려갔지만 산꼭대기에서 물을 만나는 것은 쉽지 않았습니다. 더우기 그 주변은 돌산 지대였습니다. 지하 10m, 18m에서 암반을 만나 두 번 중단하고 세 번째 20m에서 생수를 발견했습니다. 펌프를 설치하고 양계장을 짓고 봉헌예배도 드렸습니다. 양계전문 회사에 가서 양계 교육도 받고 병아리를 분양 받기까지 교회는 그야말로 연속되는 감사의 물결이었습니다.

저는 이 감격적인 사업에 대한 보고를 드리면서 '140년 전에 준비된 땅에… 안짜하마미 프로젝트 시동걸다!'라는 제목으로 글을 올렸습니다. 지금 이 양계사업은 아홉번 모두 성공적으로 진행되고, 매번 40~70만 아리아리의 수익을 올려 이제 산란계를 위한 두 번째 양계장을 짓고 사업을 확장해 갑니다.

그동안 교회와 지역사회에도 양계교육을 시키고 전파하여 소규모로 시작한 가정이 35 가정이 넘고 300수 이상 중규모의 사업장도 두 곳이나 생겼습니다. 교회와 지역사회가 변화해 가는 모습을 보게 되었습니다.

야산 경지 정리하는 중

산을 깎아서 지은 양계장 축사

병아리를 분양 받아 키우면서

특별히 사료의 자급자족을 위해서 한국의 보나콤과 기독교농촌개발원에 말라가시 목사 두 분을 파견하여 연수하게 하였고, 그 결과 이곳에 보나콤 방식의 발효 사료를 현지에 접목시켜서 세 차례 시도하였으며 사료비용과 건강한 양계법을 마다가스카르의 실정에 맞게 개발하고 있습니다.

사실은 현지 양계지도자들을 육성한 일이 더 큰 성과라고 말씀드릴 수 있습니다. 이 양계 프로젝트를 통하여 가난한 산속 마을에 우물이 공급되어 위생과 건강은 물론이고, 채소를 재배하여 싱싱한 먹거리를 제공받게 되니 생활이 달라지는 것을 보게 됩니다. 저는 이곳에서 시작되는 운동이 마다가스카르의 '가나안 농군학교', 또는 '새마을운동의 산실'이 되기를 기도합니다.

chapter 8

갈등과 딜레마:
배고파 죽겠는데 vs 건강한 먹거리

먼저 배고픔의 문제를 해결하는 것이 우선일까요? 아니면 배가 고파도 지금부터 건강한 식단과 유기농업을 가르쳐야 하나요? 여러분은 어디에 손을 드실까요?

굶어 죽어가는 사람들에게 오가닉(organic), 바이오(bio) 식품을 먹어야 한다고, 또 GMO((Genetically Modified Organism, 유전자변형식품)는 삼가고 먹지 말라고 할 수 있을까요? 아니면 아직은 기아의 문제를 해결해야 하니 유기농이건 저농약 식품이건 따지지 말고 일단은 먹고 살아야 하므로 그냥 먹으라고 할까요?

이것이 제가 요즈음 아프리카에서 생각하고 고민하는 갈등입니다.

안짜하마미 지역의 양계 사업이 성공적이라고 보고를 드렸습니다. 맞습니다. 분명히 우리는 성공을 했습니다. 부화하고 하루 지난 병아리

를 Avitech에서 사옵니다. Avitech은 프랑스-모리셔스 합작 회사입니다. 그 회사에서 병아리를 공급받고, 그 회사가 만든 사료를 사서 먹입니다. 양계 교육도 그들에게 받았습니다. 그들이 가르치는 대로 따라하면 한 달만에 약 2kg짜리 육계가 되고, 그들이 소개하는 곳에 1kg 당 4,500~4,700아리아리에 팔게 됩니다. 그리고 양계장을 정리하고 청소한 후 그곳에서 갓 부화한 병아리를 다시 공급받아 동일한 방법으로 양계하고 매번 40~70만 아리의 수익을 올립니다.

저는 깜짝 놀랐습니다. 자그마하고 귀여운 병아리가 두 주 후에 그렇게 크게 자라는 줄을 몰랐습니다. 중닭이 되고 무게는 1.2~1.5kg이 됩니다. 그런데 그 중닭의 모양이 말이 아니었습니다. 머리에는 병아리 털, 몸에는 닭털이 듬성듬성 나 있고 속살이 다 보입니다. 똥구멍은 부풀어 있고 걸음걸이는 둔하고 움직이려고 하지 않습니다. 비좁은 닭장에 넣어 사육하는 방식이 아닌데도 잘 걷지를 않으려고 합니다.

세상에! 우리가 저런 닭을 사 먹는단 말이야? 병아리가 39일 만에 육계가 되어 팔린다고? 털도 제대로 나지 않고 뛰지도 못하는 닭을 우리가 사 먹는다고 생각하니 끔찍했습니다. 솔직히 저는 깜짝 놀랐습니다.

여기서 저의 고민이 시작되었습니다. 계속 이렇게 키워야 하나? 가난하고 배고픈 사람들이니까 일단 먹고 사는 문제를 해결해야 하는 것이 급선무가 아닌가! 라는 생각과 아니야, 처음부터 배가 고파도 유기농업을 가르치고 건강한 먹거리 문화를 가르쳐야 해! 이 둘의 갈등입니다.

이 고민을 해결해 보려고 300마리 병아리를 살 때마다 매번 제가 따로 재정을 지원해서 40마리를 더 구입했습니다. 300마리는 아비텍의 사료를 먹지만, 40마리는 8가정에 각각 5마리씩 나누어 주어 가정에서 방목하도록 실험했습니다. 병아리들을 각 가정에서 자유롭게 키우도록 시도한 것입니다. GMO사료가 아닌 땅에서 지렁이를 잡아 먹고 흙에서 먹이를 찾아 먹으려 산과 들을 뛰어 다니며 키우도록 하고 비교해 보았습니다.

그 결과는 어떻게 되었을까요? 이렇게 가정에 나누어 준 닭들이 훨씬 더 건강했습니다. 크기는 사료를 먹인 닭보다 작았지만 생존율은 훨씬 높았습니다. 300마리 닭들은 매번 12~28마리(4~9%)가 죽었는데, 각 가정에 나누어준 닭들은 40마리 가운데 1마리(2.5%)만 죽고 39마리는 모두 살았습니다.

어떤 가정에서는 닭들을 풀어서 키우지 않고 광주리에 넣어서 키우고 있었습니다. 도둑맞지 않으려고 취한 조치였다고 합니다. 이런 산골마을

가정에서 일반사료를 먹여 키운 닭들: 30일째 약1.2kg

에서도 서로 훔치는 일들이 종종 있다고 합니다. 결국 가난의 문제입니다. 가정에서 키우는 사육의 환경이 더 좋은 것만도 아니었지만 생존율은 높았습니다. 이런 시도를 계속해가며 비교하고 있습니다. 사료상은 GMO가 아니라고 하지만 거기에는 항생제도 성장촉진제도 들어 있는 것이 분명합니다.

여러분도 들으셨을 것입니다. 이스라엘 히브리 대학에서 '털 없는 닭'을 개발했다고 합니다. 가공업자들이 털 뽑는 수고를 하지 않도록, 그리고 털로 가는 영양소를 모두 살로 가도록 만든 것입니다. 저는 그 털 없는 닭의 사진을 보았습니다. 완전 '누드 닭'이었습니다. 마치 걸어 다니는 고기 덩어리였는데 보는 순간 소름이 끼쳤습니다.

과학과 기술의 발달로 종자는 개량되고 보기는 좋을지 모르지만 그리고 우리 식탁은 풍성해지겠지만, 이로 인한 보이지 않는 문제들, 항생제

남용, 불임, 비만, 유전자 변형, 정자 수 감소, 여러 가지 질병 등의 문제는 어떻게 해결 할 수 있을까요?

그저 선교지의 희망적인 소식만 전하면 될 텐데 왜 이런 어려운 이야기를 하느냐고 반문하실 분들도 계실 것입니다. 그러나 저는 이 땅을 사랑하고 이곳의 말라가시들을 사랑하는 사람으로서, 이 고민을 지금부터 함께 나누지 않을 수 없습니다. 저 역시 제가 지원하고 키우는 그 닭들을 보면서 양계한 육계를 사서 먹지 않고 말라가시 토종닭을 사서 먹게 되었습니다.

여러분은 어떻게 생각하십니까? 지금 여러분이나 제가 한국이나 미국에서 사 먹는 통닭, 삼계탕, 백숙이 바로 그렇게 자란 닭들이라면 말입니다. 아프리카에 있는 선교사가 현장에서 겪는 고민이자 갈등입니다.

chapter 9

마다가스카르에서
새마을 운동을 벌이다

2015년 새해는 많은 비로 인한 침수와 수재로 시작되었습니다. 120여 명이 죽고 8만 여명의 이재민이 발생했습니다. 20년 만에 겪는 침수로 타나의 넓은 논과 마을은 거대한 호수가 되었습니다.

안타까운 마음으로 대한적십자사와 KOICA(국제협력봉사단), 그리고

수해 직전 마을 풍경

수해로 물에 잠긴 (같은) 마을

일본이 JICA를 통해서 지원해 온 텐트

여러 교회들에 알리고 지원을 요청하였습니다. 코이카와 대한적십자사로부터 국제적십자사를 통하여 지원을 하였다는 대답을 받았습니다. 간접 지원도 좋지만 직접 지원을 통하여 한국을 알리는 것도 필요하다는 생각이 들었습니다.

일본의 JICA는 재빠르게 JICA마크가 선명한 구호 텐트를 지원하였고 텐트마다 "일본과 일본인의 사랑을 보냅니다."라는 문구를 새겨넣고 일본의 인도주의를 홍보하고 있었습니다. 그러니 이 나라 사람들이 일본을 그렇게 좋아합니다. 오른손이 하는 것을 왼손이 모르게 하라는 주님의 말씀을 알지만, 때로는 보이기 위한 감동적인 show-up도 필요하다는 생각을 하게 됩니다.

제일 먼저 미국 토렌스에 있는 한인교회에서 김선익 목사님께서 수해

강둑에 지어진 이재민들의 집들　　　　　　쪽배를 타고 집으로

헌금을 보내주셨습니다. 그리고 이곳을 두 친구 목사, 금창락 목사와 김
종하 목사께서 수해헌금을 가지고 왔습니다. 한참 후 우기가 끝나고 건
기가 시작될 즈음에 (주)성주 인터내셔날의 성주 재단에서 2,000만원이
라는 큰 수해 복구비를 내주셨습니다. 너무나 고마워 바로 수해를 많이
당한 지역의 꼬뮨(시)을 찾아가 그런 성금이 왔다고 전했더니, 두 달 후
인 7월 초에 지방자치 단체장 선거가 있어서 현직 시장은 입후보하기 위
해서 현직을 사임하였으니 선거가 끝난 다음에 사용처를 의논하자는 답
변을 받았습니다. 정직하게 말해주어서 고맙긴 하지만 수재민의 아픔은
아랑곳 하지 않는 복지부동 행정의 전형적인 모습을 보는 것 같아 마음
이 착잡했습니다.

　도움을 주겠다고 해도 받지 못하는 이들을 보면서 너무나 답답하여
수해지역을 직접 찾아갔습니다. 지난 12월부터 배를 타고 다녀야 할 정
도로 수해가 극심했던 마을, 목까지 차 오른 물속에서 볏단을 건지다가
결국에는 추수를 포기해 버렸던 그 마을입니다. 마을은 물 속에 섬 같이
남아 있었고 오리들만 유유히 떠다니고 있었습니다. 시내에서 공항으로

가려면 반드시 거쳐야 하는 길목에 있는 마을이 이 정도라면 지방은 말할 필요도 없을 것입니다.

아이들은 논에서 배를 타고 학교에 가야하고 식수를 구하기 위해서도 배를 타고 나가야 하는 현실이 얼마나 불편하겠습니까. 그러나 해마다 찾아오는 홍수와 전기도 들어오지 않는 '버려진 땅'의 사람들은 그냥 자포자기 상태로 살고 있었습니다.

그곳을 방문하여 시급한 숙원사업이 무엇인지 청취했습니다. 당연히 도로였습니다. 도로가 정비되어 우기에도 걸어서 밖으로 나갈 수 있었으면 하는 소원을 말하였고, 수도가 연결되어 물을 길러 가는 일이 없으면 하는 소원을 말했습니다. 이어서 전기가 들어오면 좋겠다, 벽돌로 된 교회가 있으면 좋겠다, 우리 마을에도 초등학교가 생기면 좋겠다… 등등, 소원은 끝이 없었습니다.

"그렇다면 도로를 제일 먼저 만듭시다. 마을로 이어지는 진입로 공사를 합시다."

이런 저의 제안에 그들이 이러 저런 의견들을 말했습니다. 도로를 잇

마을 진입로 공사

흙을 머리에 이고 옮기는 주민들

650m의 마을 진입로가 완성되어 갑니다   마을을 보호하기 위해 축대를 쌓는 모습

기 위해서 하천의 흙을 사용하려면 관공서의 허락을 받아야 한답니다. 동네 사람들이 나서면 관공서 책임자들이 만나주지도 않는다고 합니다. 아프리카 관리들과 공무원들이 얼마나 권위적이고 얼마나 뇌물에 눈이 밝은지 모릅니다. 외국인이고 선교사인 제가 지역 노회장, 교회 대표, 마을 대표와 함께 수로/하천 관리국에 갔지만 책임자가 없었습니다. 마침내 모든 수단과 방법을 총동원하여 관청의 허락을 받고 도로 공사가 시작되었습니다.

여기 쓴 이 한 줄에 얼마나 많은 어려운 과정이 담겨있는지 말로 다 설명하지 못합니다!

그들의 말로는 외국인인 제가 앞장서서 만나러 다니고 설득하러 다녔기에 그나마 이렇게 관청의 모든 문제가 해결된 것이라고 합니다.

그 후 이야기…

안카디베 자이불라 마을의 농로 길 공사는 7월 27일(월) 시작되었습니다. 매일 아침 7시 30분부터 마을 주민 130여 명이 동원되어 쌀 포대로 축대를 쌓기 시작하였습니다. 포크레인은 수로의 흙을 퍼 올렸고 대지 정리를 도왔습니다. 쌀 포대가 총 5,000개 소모되었습니다. 650m의 마을 진입로가 생겼고 다리도 두개를 만들었습니다. 마을 주민이 헌납한 150평 대지는 교회를 지을 땅으로 기부 받아 1.20m 정도를 높여서 축대를 만들었습니다.

한 번도 협동 작업이나 자원 봉사를 해 보지 않은 사람들입니다. 한꺼번에 130여명이 나와서 정해진 작업량을 나누지 않고 일을 했으니 하루에 진도는 기대치의 절반도 되지 않았습니다. 포크레인을 처음 본 사람들은 포크레인이 일하는 것을 구경하느라 일손을 멈추고 바라보고 있기가 일쑤였습니다. 공사 기간이 늘어나고 길어질수록 일당을 더 많이 받을 수 있다는 생각으로 모두가 무책임했습니다.

130명의 일꾼들을 12개 그룹으로 나누고 조 별로 책임자를 정한 후 구역을 정하고 하루의 책임량을 나누어 주었더니 일의 효과와 능률은 배가 되었습니다. 호각을 불어 50분 동안 일하고 10분은 쉬도록 배려했습니다. 능률은 눈에 띄게 향상되었습니다.

하루 일과를 마치고 자기들끼리 "이런 테크닉이 있었구나. 우리는 몰랐는데…"하며 자기들이 한 일에 스스로 놀라해 합니다. 이게 무슨 테크닉입니까? 너무나 당연한 일 아닌가요? 우리 한국인들에게는 당연한 일이 이 사람들에게는 고도의 테크닉으로 보일 정도로 우리들은 이미 알게 모르게 학교에서 군대와 직장에서 훈련받고 배웠던 것입니다. 한 번도 이런 훈련을 받아 보지 못한 사람들을 보면서 그동안 서구는 무엇을 가르쳤고 지도자들은 무엇을 보여주었는지 한심했습니다.

마다가스카르 국영방송사 인터뷰

　총 3주일이 지나자 250m의 진입로와 외부로 이어지는 300m의 도로가 만들어졌고 마을 둘레 길 100m 등, 총 650m의 공사를 모두 마쳤습니다. 자기들이 한 일을 보고 스스로 놀라며 만족해 하는 마을 주민들을 보는 것은 가장 큰 보람이었습니다. 이 소문을 듣고 국영 방송을 포함한 언론 매체들이 달려와 취재하였습니다. 제일 먼저 Kolo TV에서 취재하였고, 국영방송사인 TV M에서도 뉴스시간에 인터뷰와 기사를 내 보내주었으며, Tia Madagascar 등 신문에도 대문짝만하게 기사가 실렸습니다.

　옆의 사진은 공사가 끝난 후 그곳 논에 벼를 심어서 푸르게 자란 모습입니다. 믿어지십니까? 망망대해와도 같아서 배를 타고 다니던 땅이 불과 몇 달 만에, 겨우 몇 백 명의 보름 남짓한 협동 작업으로 이렇게 완벽한 농토로 변할 수 있다는 사실이 말입니다. 이 일이 가능토록 도움을 주신 모든 분들께 감사를 드립니다.

물바다였던 논에서 자라는 벼

또 그 후 이야기…

2016년 우기 동안에는 쪽배를 타지 않고 우리가 함께 만든 길로 걸어
다닐 수 있었습니다. 온 마을 사람들이 얼마나 행복하고 감사해 했는지
모릅니다. 2016년 5월 김창주 목사와 후원회 총무 이대건 목사가 정부 상
수도국을 방문하여 상수도공급계약을 체결하면 하반기부터는 이 마을에
약속한대로 수돗물이 공급될 것입니다. 할렐루야!

chapter 10

타나국립대학 특강

타나국립대학은 마다가스카르에서는 최고로 우수한 학생들이 다니는 대학교입니다. 모두 진지하고 열심으로 저의 특강에 참여하고 경청하였습니다. 특별히 학생들에게 영어에 도전을 주기 위해서 영어로 강의를 부탁받았습니다. 영어는 저에게도 제2 외국어로 힘든 것은 마찬가지입니다. 이 학생들은 물론 말라가시들이지만 완벽하게 불어를 구사하는 학생들입니다.

저는 오늘 타나 대학 안에 공자연구소(Institut Confucius de l'Universite d'Antananarivo)가 있는 것에 놀랐고 안타나나리보를 한자로 탑나나리불(塔那那利佛)이라고 쓰는 것을 보고 또다시 놀랐습니다. 이곳 탐나나리불 공자학원에도 많은 학생들이 유교와 공자 사상을 배우

고 있었습니다. 중국의 세계화가 가히 경이적입니다. 한국의 아프리카
진출은 언제쯤이나 활성화 될까요!

타나대학에서 특강 중인 김 목사

타나국립대학내의 공자학당과 공자 동상

chapter 11

신학교 졸업식

오늘은 FJKM 교회의 암바투나캉가 신학교(Faculte De Theologie Ambatonakanga)에서 졸업식이 있었습니다. 마다가스카르 예수그리스도교회(FJKM)는 제가 선교동역자가 되어 이곳에 한국기독교장로회와 선교협력을 맺은 교단입니다. '마다가스카르 예수그리스도교회'라고 불리는 FJKM 교회는 우리와 같은 개혁교회의 전통을 가진 교단으로 5,800여개의 교회들과 약 190여년의 오랜 역사를 자랑하는 교단입니다.

너무나 자랑스러운 36명의 신학 과정을 졸업하는 사람들, 이 졸업생들이 앞으로 마다가스카르 전국에 흩어져 복음을 전할 목사 후보생들입니다. 신학학사(Bac) 20명과 석사기초과정에 해당하는 Matrics를 마친 36명은 본 교단 직영 신학교인 암바투나캉가를 졸업하는 특권을 누렸고, 정규 학위과정을 마쳤기 때문에 모두 시골로 내려가서 3년 동안

의무적으로 목회해야 합니다. 지방에 있는 두 곳 만드리짜라와 피아나란츄아에 있는 신학교에서 신학을 공부한 목회자들은 이곳 수도 타나에 있는 또 다른 이바투 신학교에서 1년을 더 공부한 다음 목회지로 나아갑니다. 암바투나캉가의 신학교 졸업생들은 무조건 대도시가 아닌 오지에서 3년 동안 의무적으로 목회를 한 다음에야 다시 도시에서 목회를 할수 있도록 되어 있습니다.

졸업예식을 시작하기 전에 로랑 총장과 교수들이 한자리에 모여서 함께 하나님을 찬양하고 성경말씀을 읽고 기도 드린 다음 입장하는 순서는 너무나 엄숙하고 좋아 보였습니다. 그리고 교수들의 복장은 노란 색에 주황색 스톨과 털로 된 장식을 한 가운이었습니다. 우린 눈에는 어색

총회가 주관하는 목사 안수·파송예배

예식을 시작하기 전, 총장과 교수들이 먼저 찬양하는 모습

해 보였지만 아마도 유럽의 전통이 아닌가 싶습니다. 이들이 입장할 때 모든 졸업생과 회중들이 일제히 일어서며 예의를 갖추는 것을 보니 이 복장이 갖는 권위를 느낄 수 있었습니다.

한국에서도 행사나 예식 전에 기도하고 강단에 오르기는 하지만 그냥 분주한 중에 간단히 기도하는 것에 비하면 이들은 정말 엄숙하고 진지했습니다. 우리들의 형식적인 의식/예식을 조용히 반성하여 보았습니다. 예배는 9시부터 시작되어 3시간 동안이나 진행되었고 참석자들은 흐트러짐 없이 모두 끝까지 예식에 참석했습니다. 독일에서 학위를 마친 크리스티안 에릭 박사의 Justification에 대한 특강이 예식 중에 있었고, 새로 부임하는 신학자의 강의에도 모두 주목하며 진지하게 듣는 모습이 참 좋았습니다.

예배 중에 우리는 일어섰다 앉았다 하기를 10번 이상이나 하였고 찬송만도 10곡 이상을 불렀습니다. 졸업식에도 헌금을 드리는 시간이 있었는데 모두가 엄숙하였습니다. 저는 제일 앞자리 교수단에 학장과 나란히 앉아 있었던 터라 바로 앞에서 그들이 넣는 헌금의 액수를 들여다 볼 수 있었습니다. 모두가 100아리 혹은 200아리였습니다. 우리 돈으로 50원이나 100원 정도인 셈입니다. 비록 적은 돈이었지만 그들의 정성과 태도만은 지금까지 제가 보아 온 어느 봉헌보다 더 진지했습니다.

학생들 중에는 늙스그레한 학생들도 있었고 처자식을 가진 학생들도 있었습니다. 신학생 부인들은 그 동안 목회자 아내로서의 교양과 부업, 상담, 신학개론을 남편들과 함께 배웠습니다. 수료증을 남편들과 같이 수여 받는 모습도 우리와 달랐지만 의미심장해 보였습니다. 목회자의 아내들을 바라보면 저에게는 늘 어머니와 아내가 생각이 나서 가슴 뭉클한 감동을 느낍니다.

헌금함 속의 모인 지폐들

졸업생들의 얼굴에서 결의가 보입니다

chapter 12

마다에서 역사적인 날 :
한글 성인반 개설

오늘 암바투나캉가 신학교 채플 실에서 말라가시 성인반 한글 첫 수업이 있는 날입니다. 지난 해 2012년 8월, 마다한인회 회장님이 많이 약해진 한글학교를 타나 한인교회와 김 목사가 맡아 달라고 제게 부탁하셨습니다. 그래서 한인교회에서 의논하였고 집사님들의 헌신적인 봉사와 섬김으로 안정적으로 발전하게 되었습니다. 매주 토요일 한인교회에서 15명 내외의 한인 자녀들, 한-말, 한-불 가정의 자녀들이 한글, 음악, 미술 등을 공부합니다. 저는 이 학생들을 데리고 오는 말라가시 운전수들을 위한 한글 기초와 회화반을 만들었습니다. 보람이며 기쁨입니다.

올해에는 대구영지교회에서 파송한 성창면 장로와 문부원 집사께서 오셔서 한국학교가 더욱 발전하게 되었습니다. 두 내외분은 부부교사이셨고 한국에서 각각 30년 이상씩 교직에 계셨습니다. 더군다나 문 집사

한글을 배우고 말한다   한글 수업에 참여하는 말라가시 학생들

는 고등학교 국어 선생님이셨기에 한글반을 맡아 지도하기에는 최고로 훌륭한 선생님이 오신 셈입니다.

두 분과 함께 제가 가르치는 암바투나캉가 신학교와 암부히바우 교회, 두 곳에서 말라가시 성인반을 열기로 했습니다. 매주 수요일과 목요일 점심시간을 이용하여 한글을 가르칩니다. 이 나라는 점심시간이 무려 2시간입니다.

첫 강의에서 90명이 참석하여 한국어를 배우려는 열기가 대단했습니다. 한글 성인반은 암바투나캉가 신학대학과 암부히바우 교회에서 계속 진행중이며 지금은 각각 20명 내외의 학생들이 한글을 배우고 있습니다. 이들이 한국어를 배우려는 열정을 보면서 대한민국의 위상이 높아진 사실을 새삼 느낄 수 있었습니다. 말라가시들에게 한국어를 가르치는 것은 선교지에서 느끼는 또 하나의 기쁨입니다.

chapter 13

생후 9개월에
4.6kg이라니…

아내와 안다카나(Andakana) 무의촌 의료봉사를 가는 날입니다. 수도 타나에서 1시간만 외곽으로 달리면 의사도 간호사도 없는 무의촌이라고 말하기조차 민망한 마을들이 널려 있습니다.

우리 부부는 자랑할 것이나 남달리 잘하는 일은 별로 없습니다. 그러나 굳이 자랑하라면 한번 시작한 일을 꾸준히 한다는 것입니다. 어쩌면 그것도 재주가 없으니 그렇다고 핀잔 받을 수 있는 일입니다. 저희 내외가 마다에 온 이후, 남아공 출신의 레이니어 선교사가 매주 월요일 급식 사역과 하나님의 말씀을 전하는 안다카나 지역을 만나면서 지난 8년 동안 한 번도 빠지지 않고 꾸준히 무의촌 의료봉사를 했습니다.

아내는 산부인과 전문의이지만 여기서는 모든 과의 질병을 다 보아야 합니다. 찾아오는 환자들은 대부분 감기 환자로 열이 나고 기침을 하거나, 영양실조로 오는 각종 질병들과 두통, 치통, 안질, 귓병 등 다양한 환자들입니다.

매 번 찾아오시는 할머니 환자가 있습니다.

"쉬 피곤하고 힘이 없어요."

아내는 비타민과 영양제를 드리고 눈에 안약을 넣어드립니다. 옆에서 약봉지에 각종 약을 담으며 조수로 일을 하는 제가 여쭙니다.

"할머니 연세는 얼마나 되셔요?"

"몰라, 90살은 넘었는데, 몇 살인지는 나도 몰라…"

평균 수명이 낮은 이 나라이지만 이렇게 장수하는 분들을 가끔씩 만납니다.

"할머니, 건강하시네요, 날마다 '안드리아마니츠라, 미숄차 베차카!' (하나님, 감사합니다!) 100번씩 따라해 보셔요."

착한 할머니는 따라하시며 웃고 옆에 있던 환자들도 모두 웃습니다. 언제나 안다카나 의료봉사에서 사람들을 만나면 오히려 우리가 새 힘을 충전받는 것 같은 느낌입니다.

60세쯤 되어 보이는 할머니가 갓난아기를 하나 안고 왔습니다. 곧 영양실조로 죽을 것만 같은 어린 아가의 눈동자는 힘이 없고 풀려있었습니다. 이름은 파누메자 쮸아(선물이라는 뜻)로 생후 9개월인 사내아이는 몸무게가 4.6kg이었습니다.

이 아이의 사정은 이렇습니다. 아버지는 집을 나갔고 아기를 낳은 산모는 7일 만에 세상을 떠났습니다. 지금 이 아이를 안고 온 사람은 외할머니입니다. 딸이 아이를 낳고 죽자 동네에 젖동냥을 해서 몇 달을 키웠

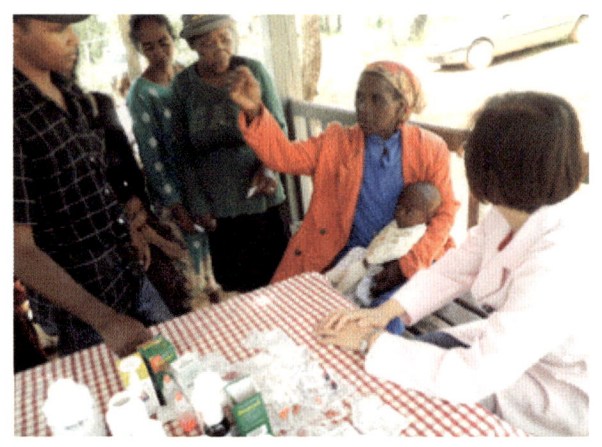

품에 안겨 있는 아이가 9개월 된 아이라니!

는데 모두가 가난한 마을에 누군들 젖을 풍성히 줄 사람이 없었답니다. 새로 이사 온 동네에서 젖동냥이 어려워서 며칠 전부터는 소젖과 쌀뜸물을 먹였답니다.

아내는 보자마자 바로, '영양실조다, 곧 죽겠다. 북한 아이 같다.' 하고 안타까워합니다. 아내와 저는 아이의 외할머니께 택시부르스 차비를 주면서 '내일 이 아이를 데리고 루터란 병원으로 오라.'고 했습니다.

다음날 소아과 의사에게 보이고 우리가 쮸아의 분유를 공급하기로 했습니다. 다행히 큰 병은 없고 영양실조입니다. 아이를 데리고 영유아 원조 병원을 찾아갔습니다. 기가막힌 일은 이런 원조 병원이 동네에 있지 않고 마을을 한참 지나 산 속 골짜기에 있다는 것입니다. 환자들이 오기 쉽게 병원을 짓지 않고, '되도록이면 찾아오지 말라'는 식으로 산 속에 지은 것입니다. 이것이 자본주의와 공산주의의 차이입니다. 그러니 가난한 사람들은 이런 시설을 몰라서 이용하지 못하는 경우가 더 많습니다.

원조 병원에서는 고단백 유아 영양제를 공급받았습니다. 극빈자들에게 영양제를 공급하는 이 병원에서는 원조물품을 다른 사람에게 팔지 못하도록 많은 양을 주지 않고 조금씩 배급하며, 다 먹고나서 빈 봉지를 가져 와야만 다음번 분량을 줍니다. 고단백 영양제를 감사히 받아서 돌아오며 쇼프라이트(Shoprite)에서 오랜만에 영유아 용 전지분유와 젖병, 젖꼭지를 샀습니다. 외할머니가 키우기 때문에 분유를 팔아먹지는 않을 것이라고 믿으면서도 한 달 분만 사 주었는데 한 달 치의 분유 가격이 말라가시 노동자 한 달 월급보다 많았습니다.

쮸아와 외할머니를 우리 차에 태워 버스 정류장까지 데려다 드리는데 할머니는 자기 젖을 꺼내 쮸아에게 물립니다. 놀란 제가 할머니께 '뭐가 나오나요?'하고 물었다니 젖을 쭉 짜면 묽은 액체가 나온다고 자랑합니다. 아내와 내가 당황하며 할머니의 나이를 물었다니 49살이랍니다. 아내보다 2살이나 젊지만, 60세 같아 보인 그 할망구(!) 때문에 우리는 배꼽을 잡고 실컷 웃었습니다.

하루 종일 파누메자 쮸아와 지내고 집에 돌아오니 오영택 목사님이 시무하시는 시카코 베다니교회의 마다 구역에서 모은 귀한 선교비 312불을 보내 주셨습니다. 이 선교비는 파누메자 쮸아를 위해서 사용하겠습니다. 하나님께서는 참으로 절묘한 시점에 기가 막히게 선교 헌금을 보내 주셨습니다!

chapter 14

찌리 수술을
잘 마쳤습니다

　　무의촌 진료에서 만난 또 한 명의 잊을 수 없는 환자는 찌리입니다. 처음 만났을 때 찌리는 양 다리, 무릎아래에 상처가 있었습니다. 미심쩍은 부분이 없는 것은 아니었지만 항생제를 거의 먹지 않는 사람들이기에 소염제와 항생제를 처방하고 비타민과 함께 주었습니다.

　　한 달 후 다시 무의촌 진료를 나가서 만나 본 찌리는 전혀 차도가 없었습니다. 걱정을 하며 루터란 병원으로 데리고 와서 진찰을 받고 X-ray를 찍고와 초음파를 검사해 보았더니 골수염이 심각했습니다. 두 다리 무릎 아래 뼈까지 염증이 파고들었습니다. 골수염이라는 결론과 함께 그냥 두면 다리를 절단할 수 있다는 판단 아래 수술을 하기로 결정하고 이 나라 최고의 외과의사인 Dr. 프랭크와 의논했습니다.

　　Dr. 프랭크의 집도로 장시간 수술했습니다. 전신마취를 하고 뼈와 살

골수염 수술을 받기 전의 찌리와 그 어머니

을 많이 긁어냈습니다. 가난한 찌리의 가정 형편을 고려해서 수술비와 입원비를 우리가 책임지기로 했습니다.

　루터란 병원은 이 나라에서 제일 좋은 종합 병원으로 주로 중, 상류층이 이용하는 병원입니다. 산골 오지에 살던 찌리네는 가족 6명 중 한 사람 밖에 신발이 없어서 의사를 만나러 갈 때는 샌들을 아들이 신고, 찌리가 침대에 누워 있을 때는 엄마가 그 샌들을 신고 간호사를 만나고 할 정도로 가난한 사람들이었습니다. 우리는 집에 있는 신발, 옷, 먹을 것을 가져다주고, 병원 식당에서 모자가 함께 식사하도록 조치해 주었습니다.

　우여곡절 끝에 보름이 지나고 찌리의 다리에 새 살이 나고 염증이 아물면서 마침내 찌리는 퇴원하게 되었습니다.

chapter 15

돌 깨는 아이들 vs
수맥 찾는 목사

학교도 가지 않고 돌을 깨는 아이들이 있습니다. 갓난아이들도 돌 깨는 부모 옆에서 놀고 있습니다. 참 불쌍한 말라가시 '암하레츠 - 땅의 사람들'입니다. 가는 길을 멈추고 다가가면 언제나 웃음으로 맞아 줍니다.

아프리카 대륙에도 일종의 계급제도와 인종차별이 있었지만 지금은 없어졌다고 합니다. 18세기 서구 식민주의자들이 들어와서 내부의 계급제도를 없애버린 공로가 그들에게 있다고 주장하는 학자들도 있습니다. 그러나 지금도 같은 말라가시들 가운데는 보이지 않는 차별과 구분이 있습니다. 아직도 맨발로 살아가며 자녀들에게 학교 교육을 시키지 않는 최 하층민들이 바로 과거 노예로 살았던 사람들의 후손들입니다. 그들은 신분 상승의 욕구가 없거나 있어도 아주 적습니다.

어떻게 하면 이런 계층의 사람들도 학교에 가고 공부도 하고 인간다

하루 종일 돌을 깨지만 그래도 밝은 표정의 아이들

운 삶을 살게 할 수 있을까요? 이들은 교회에도 가지 못하는 미전도 종족입니다. 적어도 교회에 가려면 신발을 신고 좋은 옷을 입어야 한다는 생각들을 가지고 있습니다. 교회에 가면 한 번 헌금에 100아리아리가 필요하고 최소한 서너 번 헌금을 할 돈이 있어야 합니다.

암바투나캉가 신학교 수업 중에 저는 학생들에게 이런 계층이 있다는 것을 학생들이 알고 있는지를 물었습니다. 학생들도, 교수인 알프레드 박사도 모두 알고 있다고 했습니다. 문제는 지도자들입니다. 이 나라 지도자들의 생각이 바뀌어야 합니다. 그러나 대부분의 지도자들은 하루 종일 돌 깨는 부류의 사람들과 자기들은 다른 부류, 다른 종족이라고 생각하는 것 같습니다. 참으로 안타까운 현실입니다.

오전에 신학교에 갔다가 오후에는 오래 전에 약속한 만두루수 EPP 초등학교에 수맥을 찾으러 갔습니다. 건기의 끝이자 우기가 시작하는 지

엘로드를 들고 수맥을 찾고 있는 김창주 목사

금이 우물을 파기에 가장 좋은 때입니다. 이 계절에 땅을 파서 물이 나오면 일 년 내내 마르지 않을 것입니다. 마을은 수백 년 전부터 있었는데 초등학교는 1980년에야 겨우 세워졌습니다. 프랑스 사람들이 말라가시들에게 교육을 시키지 않았던 것입니다.

돌을 깨어서 생계를 유지하는 마을, 암석이 많은 지역에서 수맥을 두 곳 찾았습니다. 물이 나오기를 바라며 간절히 기도했습니다. 우물을 파서 수맥을 찾으면 거기 펌프를 설치해 주기로 약속했습니다. 모든 말라가시들이 하나님의 형상을 회복하고 인간다운 삶을 사는 날, 모든 어린이들이 학교에서 공부하는 그런 날이 하루 속히 오기를 기도합니다.

그 후 이야기…

작년에 만드로수아 EPP초등학교에 우물 파는 보고를 드렸습니다. 세 번의 시도와 암반으로 인하여 우물파기를 중단했지만 선교보고서에는 단 한 번도 '실패'라고 표현하지 않았습니다. 마침내 네 번째 만에 성공!

오늘 펌프를 설치하고 푸쿠타니 마을 사람들과 봉헌식을 가졌습니다. 그동안 지표수를 마시던 마을 사람들은 성탄선물이라고 모두가 너무나도 좋아했습니다. 이제부터 모든 마을 사람들이 지하수를 마실 것이고 마을 사람들 모두가 건강하게 살 수 있겠지요.

저도 너무나 행복하고 보람된 날이었습니다. 얼굴과 온 몸이 빨갛게 탔습니다. 방학이고 쉬는 날인데도 학교 선생님, 마을 동장과 동장의 아버지, 그리고 아이들이 많이 나와서 오늘의 기쁨을 함께 만끽했습니다. 마을 사람들에게 우리 집에 있던 비누, 치약, 치솔, 샴푸, 학용품, 등등, 호텔에서 가져온 것들, 비행기에서 받은 것들을 몽땅 다 들고 와서 나누어 주었습니다. 특히 아이들이 얼마나 좋아했는지 모릅니다.

우물 설치 후 힘차게 펌프질을 하는 아이와 동네 사람들

chapter 16

왜 그게 반란이야,
독립운동이지!

이 나라에도 우리 민족의 3.1 만세운동과 같은 독립운동이 있었습니다. 다른 나라의 식민통치를 받기 원하는 나라나 민족이 어디 있겠습니까? 그러나 프랑스는 1895년부터 1960년까지 65년 동안 이 나라를 지배하고 착취했습니다. 그런 식민지배에서 벗어나기 위한 독립운동이 1947년 3월 29일에 있었습니다.

박은식이 쓴 ≪한국독립지혈사≫에 따르면 1919년 기미년에 일어난 3.1독립 만세운동에 참가자는 202만 명이며 그 중에서 7,509명이 사망하고 15,000명이 부상당했다고 기록되어 있습니다. 그러나 조선총독부의 보고서는 106만 명이 참가하고 553명이 사망하였다고 축소 보고되어 있습니다.

마다가스카르에서는 제2차 세계대전이 끝나고도 이 나라가 독립될

신학교 5학년 졸업반 수업

조짐이 보이지 않자 1947년 3월 29일에 독립운동이 일어났고 80,000여 명이 희생을 당했습니다. 어떤 점에서는 우리 3,1운동보다도 더 치열한 독립운동이었습니다. 그 사건 이후 말라가시들은 프랑스 앞에서 더욱 꼼짝하지 못하게 되었고 식민통치는 그 후로도 13년 동안이나 계속되었습니다.

그런데 얼마 전 신학교에서 수업 중 한국교회사와 3,1운동을 설명하면서 그 때 한국 교회와 크리스천의 애국운동을 이 나라의 독립운동과 비교하며 설명하는데, 한 학생이 '아, 그러니까 우리의 Rebellion과 같은 것이군요.'라고 했습니다. 나는 갑자기 목소리를 높여 소리쳤습니다.

"그게 왜 반란이야! 어떤 놈이 너희들에게 그렇게 가르치더냐?"

모두들 너무나 놀라 갑자기 왜 바자(외국인) 교수가 저렇게 화를 내는지 알지 못하고 조용하게 듣고만 있었습니다. 함께 가르치는 실천신학 교수 알프레드 박사가 학생들에게 설명해 줍니다.

"맞다. 파스테르 독터 김이 하는 말이 맞는데, 사실 우리는 초등학교에서부터 프렌치로부터 Rebellion이라고 배웠다. 그건 잘못된 거다."

세상에 이럴 수가 있습니까? 자기들의 주권을 찾기 위해서 독립을 외친 사건을 '리벨리온(반란)'이라고 가르치다니요. 저는 다시 학생들이 알아듣게 조용히 설명해 주었습니다.

"정복자인 프랑스의 입장에서는 리벨리온이라고 표현할 수도 있다, 그러나 우리 말라가시들은 절대로 리벨리온이라는 표현을 입에 담지 말아야 한다, 그건 분명한 독립운동이고 나라를 되찾기 위한 정당한 표현이었다. 이제부터 여러분들은 자신 있게 'Independence Movement'라고 말하라."

학생들이 모두 다 제 말에 동의하며 고개를 끄덕였습니다. 여기 마다에서는 아직 아무도 그런 표현을 심각하게 생각해 보지도 않고 또 그렇게 가르치고 배웁니다. 저는 학생들에게 독립국가의 국민으로서 자신감을 갖고 살아가라고 기회 있을 때마다 외칩니다. 세계적으로 유명한 여행안내서 《Lonely Planet》이라는 책이 있습니다. 그 책 시리즈의 한 권인 '마다가스카르 여행 안내서'에도 이 나라 국경일과 휴일을 표시하면서 3월 29일을 Rebellion Day라고 소개한 것을 보았습니다.

장차 목사님이 되고 이 나라의 지도자가 될 신학생들에게 저는 강하고 분명하게 이 날 1947년 3월 29일은 '반란일'이 아니라 '독립운동일'이라고 가르칩니다. 이 땅이 하나님의 형상으로 지어 진 말라가시들에게 하나님께서 주신 축복의 땅이라는 사실을 가르쳐 주고, 이 축복을 누리고 잘 사는 일이 말라가시들의 책임과 사명이라는 것을 가르치고 있습니다. 그러면서 '너희 말라가시들이 이 나라의 주인이다. 외국인들에게 왜 빠뜨롱(루인장) 이라고 부르느냐?'라고 호칭상의 문제점도 지적해주었습니다.

여기 사람들은 외국인을 부를 때, 빠뜨롱이라고 부릅니다. 영어로 Patron이라는 단어인데 여기 사람들이 쓰는 뜻은 '주인님'이 가장 적당한 의미일 것입니다.

"누가 이 나라의 주인이냐? 프렌치를 포함한 우리 외국인들은 방문자요 여행자요 나그네일 뿐이다. 여러분 말라가시들이 이 나라의 주인이다. 오늘 수업은 여기까지!"

우뢰와도 같은 박수가 터져 나옵니다. 선교지에서 가장 큰 보람이 무엇이냐고 물으시는 분들이 있습니다. 강의를 마치고 학생들이 감동을 받아 일제히 박수를 쳐 주는 바로 그 순간입니다.

마다가스카르의 독립기념탑

chapter 17

Research,
Action,
Development,
Evangelisation!

지난 주일은 추석이었습니다. 한국의 추석에 맞추어서 한인교회에서 '본향을 찾는 사람들'이라는 제목으로 설교를 하고 한인회 총회와 추석 행사에 참석하였다가 오후 3시 북쪽 마을 '비아랄나나'라는 곳으로 출발했습니다. 암바투나캉가 신학교 1학년 36명이 한 달 동안 시골 작은 마을에서 복음을 전하고 지역사회 개발과 교회 건축을 돕는 프로그램을 하고 있기 때문입니다. 방학을 이용하여 현장 목회실습을 하는 것이 신학교 1학년의 정규 과정입니다. 학생들은 Research - Action - Development - Evangelisation이라는 표제를 걸고 한 달 동안의 힘든 봉사와 목회 훈련을 받습니다.

수도에서 900km 떨어진 이 마을에도 75년 전 복음이 전해졌으나 교세는 점점 약해졌고 지금은 민속 신앙과 샤머니즘이 강한 시골 오지 마

봉고차 위에 짐을 바리바리 싣습니다

을로 변해 버렸습니다. 그런데 최근 마을의 지도자로부터 젊은 크리스 천들이 와서 새로운 분위기를 일으켜 주면 좋겠다는 제안을 받은 것입니다. 문제는 900km에 달하는 먼 거리와 비포장도로라는 점입니다. 한국이나 미국에서는 900km 거리면 10시간이면 이동할 수 있을 것입니다. 그러나 이곳에서는 30시간 이상이 걸립니다. 그것도 도로 사정에 따라 다릅니다. 신학생들은 버스를 대절하여 비나랄나나까지 24시간이 걸렸고 거기에서 다시 6시간을 걸어서 마을에 도착했답니다.

택시부루스(시외봉고)를 타니 깨지는 듯한 시끄러운 음악 소리가 귀청을 때립니다. 차안에서는 발을 펼 수도 움직일 수도 없었습니다. 그러나 아무도 일체 불평을 하지 않습니다. 소변이 마려우면 길가에 차를 세우고 남자는 이쪽, 여자는 저쪽으로 가서 볼 일을 본 후 출발하고 그리고

선을 연결하고 떼고 하면서 시동을 겁니다

또 조금 후에 누군가가 소변이 마렵다면 아무도 불평하지 않고 모두 다시 내리고 타고를 반복했습니다.

　중간 정착지인 안주히히에 도착한 시간은 다음 날 오전 8시, 거기서 두 시간을 기다리니 이제는 더 작고 오래된 왜곤형 택시가 시외 택시라고 기다리고 있었습니다. 다시 비아랄나나를 향해서 출발했습니다. 지도상 거리는 117Km, 두 시간 쯤 가면 되려니 짐작하고 물었더니, 웬 걸! 5시간 이상이나 걸린답니다. 10시에 출발한 왜곤은 비포장 산골오지를 달리고 달려 정확히 오후 3시에 비아랄나나에 우리를 내려 주었습니다. 그러면서 운전기사는 '우기가 아니었기 때문에 이렇게 빨리 왔다.'는 위로의 말을 들려줍니다.

　가는 길에 세 번이나 경찰의 검문을 받았는데 그 때마다 인원 초과에

짐 초과라는 죄목(?)으로 돈을 집어 주는 것을 보았습니다. 그 광경을 보면서 저는 '이렇게 힘들게 돈을 버는 사람에게 돈을 뜯느냐?'는 생각도 잠시 했지만, 주는 사람도 받는 사람도 너무나 행복하고 평화스러워 보였습니다.

마을 대표 어른들을 찾아 인사를 드리자 마을 노인들께서 직접 저를 데리고 온 마을을 돌며 일일이 소개해 주었습니다. 한국 사람으로는 이 마을을 찾은 첫 번째 사람이라면서 대단한 환영입니다. 이렇게 환대를 받으며 건축 중인 교회를 돌아보고 인솔자 임마누엘 교수에게 그 동안의 과정을 들으면서, 이 일이 하나님께서 하시는 일이고 하나님께서 이

성경 본문을 읽고 설교합니다

마을을 통하여 계획하시는 일이 있으신 것을 확인할 수 있었습니다.

저녁을 먹자 밤 집회가 시작되었습니다. 작은 거실만한 공간에 어린아이 100여명, 어른들 80여명이 모여서 찬양과 기도를 하며 말씀을 듣는, 한국식으로 말하면 부흥회였습니다. 아침저녁으로 이 집회에 마을 사람들이 이렇게 모여든답니다. 찬송가도, 성경도, 프로젝트도, 아무 것도 없이 드리는 찬양 집회!

저는 거기서 하나님의 말씀을 전했습니다. 본문은 성령님께서 마태복음 6장 33절을 주셨습니다.

> "너희는 먼저 그의 나라와 그의 의를 구하라
> 그리하면 이 모든 것을 더하여 주시리라."

설교는 동네 사람들을 위해서 학생들이 힘들게 가지고 간 자가발전기의 도움으로 옥외 스피커를 통해서 마을까지 들렸습니다.

저는 본문 성경구절을 인용하여 암바리바리니를 향한 하나님의 계획을 들려주었습니다. 대한민국이 어떻게 기독교를 받아들여서 선진국이되었는지를 설명했습니다. 어린 자녀들에게 꿈과 비전을 주는 말씀, 그부모들에게 도전을 주고 희망을 주는 말씀을 저의 경우와 임마누엘 교수의 예를 들어 힘차게 전했습니다. 이번 신학생들을 인솔한 임마누엘 교수가 바로 이 마을 출신이기 때문입니다. 그는 두뇌가 명석하여 캐나다 토론토 대학에서 조직신학으로 Ph.D학위를 받은 사람입니다.

늦은 저녁을 먹고 무한히 많은 하늘의 별들과 추석의 대보름달을 보

뜨겁게 찬양하고 기도하는 교인들　　　발디딜 틈조차 없는 마을 집회 장소

면서 신학생들과 이야기를 나누는데 마을 대표인 푸쿠타니 동장이 찾아와 이곳에 중등학교와 보건소가 필요한 이유를 설명하며 저에게 도움을 요청하였습니다.

씻지도 못하고 그대로 잠들어 버렸습니다. 옷도 갈아입지 못하고, 양말도 바꾸어 신지 못하고, 세수와 양치질도 못하고 왔으니 오죽 했겠습니까. 머리는 무스를 바른 듯 손가락이 들어가지 않을 정도로 진흙덩이였고 얼굴을 미니 마른 때가 쭉- 밀려 났습니다.

이런 환경에서도 36명의 신학생들은 모두 건강했고 모두 천사 같이 밝은 표정으로 매일 아침과 저녁에 집회, 그리고 오전 4시간, 오후 4시간씩 노동을 하며 교회 짓는 프로젝트에 임하고 있었습니다. 거기에는 건축 전문가인 목사님도 한 분 계셔서 그 분이 총지휘를 하였습니다. 저는 약간의 선물과 돼지 한 마리를 사서 파티를 열 예산을 지원하여 영육의 원기를 회복하도록 사랑을 전하고 돌아왔습니다.

돌아오는 길 역시 오토바이를 타고 비아랄나나까지 와서 다시 안주히

히까지의 117킬로는 올 때보다 더 많은 6시간이나 걸려서 나왔습니다. 낮 시간이라 더 많은 승객들로 미어터져가며 타고 내릴 때마다 지붕 위의 짐을 풀고 내리고 했지만 그들은 불평 한마디도 없었습니다. 그리고 역시 같은 택시 브루스로 15시간에 걸려서 제가 사는 딸라띠마띠에 나오니 이제 문명의 세계로 복귀한 듯한 생각이 들었습니다.

피곤하고 힘든 여행, 혼자서 처음으로 한 도합 1800여 km 이상의 3박 4일 여정을 다녀 왔습니다. 저에게는 정말 귀하고 값진 시간이었고 암바리바리니에서 전한 복음과 그리스도의 향기, 그리고 신학생들이 보여준 크리스천의 모습은 분명히 복음의 역동성과 함께 그 마을의 복음화에 크게 기여할 것입니다.

지금도 눈을 감으면 뜨겁게 찬양하던 마을 사람들의 모습이 아른거립니다. 정말 이번 일정은 제가 마다가스카르를 더 많이 알고, 말라가시들을 더 많이 이해하는 기회였습니다.

chapter 18

폭죽 사지 말고
빵이나 사 먹지

정통성이 없고 국민의 지지를 받지 못하는 정부는 껍데기만 더욱 요란하게 치장하고 화려하게 꾸미는 법입니다. 오늘은 2013년 6월 26일로 이 나라의 독립기념일입니다. 온통 나라가 축제로 흥청거립니다. 쿠테타 정부가 다스리는 동안 치안과 안전이 점점 나빠지는 것을 느낍니다. 곳곳에서 강도, 절도사건과 총기를 소지한 강력범죄의 뉴스가 들려옵니다.

일자리가 없으니 길거리에 나와서 하루 종일 앉아있는 저 젊은이들을 어떻게 할까요? 지나가는 차와 사람들을 쳐다보며 하루 종일 앉아 있는 사람들은 무엇을 먹기나 했을까요? 집에 사가지고 갈 쌀이라도 어디서 구할까요? 그러나 곳곳에서 뻥~뻥~ 폭죽이 터지는 소리만은 온 나라가 떠나갈 듯이 요란합니다.

아직도 이 나라의 주요 은행은 모두 프랑스계이고, 프랑스 군사고문

단이 군대를 장악하고, 프랑스 고물차들이 돌아다니며 자동차 부품을 팔아먹고, 프랑스 정유 회사들이 독점하는 휘발유와 디젤 값은 한국과 비슷합니다. 이 나라가 정말 독립한 나라인가? 하는 의구심이 들며 안타까울 때가 참 많습니다.

구체적으로 2013년 현재, 이곳의 휘발유 가격은 1리터에 3,700아리(1,842원)입니다. 한국이 1,992원이고 일본이 151엔(1,731원)이라면, 마다가스카르의 경제를 생각할 때 터무니없이 비싼 가격입니다.

다음의 수치는 2013년 통계로 휘발유 1리터를 살 때, 각국의 근로자의 하루 수입 중 얼마가 소요되는지에 대한 자료입니다. 미국은 일당의 0.69%, 독일은 1.75%, 스웨덴은 1.30%, 일본은 1.41%, 한국은 2.48%, 인도는 28.7%가 필요합니다. 원유 생산국인 UAE는 0.21%, 사우디아라비아는 0.17%입니다. 그러면 마다가스카르는 얼마나 될까요? 무려 하루

국기를 둘러메고 이렇게 팔러 다닙니다

폭죽입니다(박스로도 팔고 낱개로도 팝니다)

수입의 64%를 주어야 휘발유 1리터를 살 수 있습니다. 참으로 한심한 나라입니다.

　이런 형편에도 독립기념일이 다가오면 길거리에서는 국기를 팔고 싸구려 중국산 폭죽과 연등이 판을 칩니다. 아이들은 이상한 소리를 내는 장난감이나 폭죽을 사고 싶어서 안달입니다. 동네 구석구석에서는 폭죽을 터트리며 놀고, 놀라서 도망가고… 이것이 말라가시들의 생활입니다. 저는 아이들에게 말합니다. "폭죽 사지 말고 풀빵이라도 하나 사 먹어라." 그래도 소용없습니다. 그저 안타까울 뿐입니다. 착하고 순한 말라가시들은 어리석게도 프랑스 통치자들이 세뇌시킨 그대로 살아갑니다. 이 글을 쓰는 동안에도 10번도 넘게 정전이 되었습니다. 길게는 2~3시간, 짧게는 몇 분씩, 그리고 지금은 전기가 들어왔다 나갔다 하기를 반복합니다.

chapter 19

메뚜기 떼의 습격

이곳의 메뚜기 떼 습격 소식은 한국에서 먼저 전해 주셔서 알게 되었습니다. BBC와 CNN이 먼저 보도하였고 한국에서도 뉴스거리가 되었다고 합니다. 그러나 이곳에서는 오늘까지도 어느 신문사, TV, 라디오도 보도한 적이 없습니다. 왜냐하면 이곳에서는 해마다 있는 현상이라 그런 정도의 피해를 별로 대수롭지 않게 생각하기 때문입니다.

지난 우기 중에 툴리아 지역에 싸이클론이 몰아닥친 것이 메뚜기 번식에 유리한 조건이 되었다고 합니다. 해외 언론이 정치불안으로 무관심한 마다의 가난을 환기시키려는 의도도 있었던 것 같습니다. 이런 전체적인 상황을 보면서 그 지역을 지난 주간에 다녀왔습니다. 정말로 메뚜기 떼의 피해가 심각했습니다. 그 마을 사람들도 의아해 하며 바라보고만 있었습니다. 마음이 아팠습니다.

메뚜기떼의 습격

엄청난 크기의 메뚜기들

chapter 20

당신들이 희망의 증거
구루마 위에 자동차

　말라가시(마다가스카르 사람)들은 손재주가 참 좋습니다. 산업이 발달되지 않았고 자본이 축적되지 못해서 이렇게 가난하게 살아가지만 중고 물품이 일단 이들의 손에 들어가면 다시 재생되고 고쳐져서 사용 가능하게 됩니다. 지금 거리를 달리는 40년~50년 된 프랑스 르노와 푸조 차량들은 껍떼기와 속은 아주 다릅니다. 껍떼기만 그 회사 자동차이지 속은 오토바이 엔진도 있고 온갖 부속들을 조합해서 달리게 만든 차량입니다.

　한번은 오래된, 그러나 새롭게 만들어진 자동차를 만나 몇 년 되었느냐고 물었다니 53년 되었다고 해서 "아! 동갑이네!"(그 때 제 나이가 53세였습니다) 하고 기념사진을 찍은 적이 있습니다. 1961년에 만들어진 차가 지금도 거리를 달리는 곳이 마다가스카르입니다.

흑인의 혈통과 함께 태평양의 인도-말레이 계통의 아시아인의 피가 흐르는 말라가시들은 손재주가 좋고 부지런합니다. 앞 페이지의 사진은 자동차 차체를 구루마(수레)에 싣고 어디론가 가는 중입니다. 달려가

구루마에 두 사람이 차체를 싣고 끌고 간다

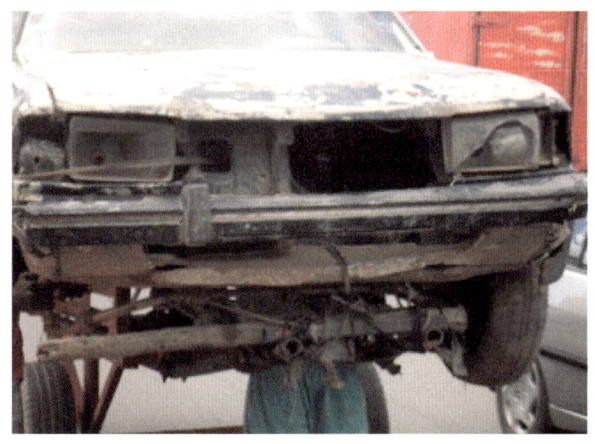

이 차는 곧 도로를 달리는 차로 변할 것입니다

"어디로 가느냐?"고 물었습니다. 말라가시들의 가내 수공업 자동차 공장으로 가는 중이랍니다.

앞으로 몇 달 동안 공장에서 이 자동차에 엔진을 얹고 바퀴를 달아 수리를 마치면 이 자동차는 약 400만 아리아리(한화 130~150만원)에 택시나 자가용으로 팔리게 된답니다.

1967년대부터 한국이 참가하기 시작한 국제 기능올림픽에서 초기 한국 대표들이 미용, 요리, 배관, 용접, 제과, 목공, 선반, 기계, 미장, 조적과 같은 분야에서 우승을 했습니다. 이것이 곧바로 대한민국의 근대화와 산업 기술 발전에 기여했던 사실을 알고 있습니다. 최근 2015년 브라질 상파울로 기능올림픽에서는 항공정비, 폴리메카닉스, 메카트로닉스, 컴퓨터 정보통신, 냉동, 중장비에 이르기까지 금메달을 휩쓸었습니다.

이와 같은 기능과 직업 훈련이 체계적으로 이루어진다면 마다가스카르는 대한민국과 같은 나라가 될 것이 분명합니다. 혼자 꿈꾸어 봅니다. 마다가스카르가 참 좋은 지도자를 만나 이런 변화가 하루속히 이루어지기를…

chapter 21

토파자(TOPAZA) 고아원

토파자는 FJKM 총회가 운영하는 고아원입니다. '뚜에라마 파문제나 자자켈리', 즉, '어린이를 구원하는 곳'라는 뜻입니다. 고아원 운영의 많은 부분을 프랑스 파리의 루브르 교회에서 지원받고 있습니다. 40~50여 고아들이 생활하는데 여기 있는 아이들은 모두 행복합니다. 특히 여기 토파자에 있는 아이들은 친형제 자매 이상으로 우애가 좋고 서로 돕고 돌봅니다. 몇 년 전, 유난히 비가 많이 온 우기에 고아원 건물이 무너졌는데 서로 서로 도와서 3달 된 영유아로부터 17살 된 소년 소녀까지 한 명도 다치지 않고 모두 무사히 대피했습니다.

건물은 많이 부서지고 무너져 철거하였고 쿠테타 정부에서 건축허가를 받는데 오랜 시간이 걸렸습니다. 고아원을 짓는 일에도 뇌물을 요구하는데 뒷돈을 주지 않으니 시간을 끕니다. 결국 6개월이 더 지나서 건축허가를 받았고 2012년 4월 기공할 예정이었으나 연기되고 연기되어 8월에야 기공예배를 드렸습니다. 새 고아원 건물 공사를 위해서 서울 한 남교회에서 1,000만원의 헌금을 보내주셨습니다. 총공사비의 약 10%에 해당하는 많은 금액입니다.

얼마 전 토파자의 점심시간에 아이들이 밥을 먹는 것을 보고 왔습니다. 지난번 전국여신도교육원 간부들이 방문하셨을 때 주신 칫솔, 치약, 빗, 머리끈, 성장발육제, 텐텐 등등을 전달했습니다. 처음에는 저를 보면 바자(외국인) 라고 울며 피하던 아이들이 이제는 저를 보면 '파스테르 김!'이라고 부르며 달려와서 안깁니다.

이곳에는 아직도 외국인들이 아이들을 잡아가서 간을 빼 먹는다는 소문이 있답니다. 한국에서도 우리가 어릴 때, 눈이 파란 외국인들을 보면

토파자 고아원의 아이들(겨울입니다)

아이들을 잡아먹는다는 소문이 있어서 외국인들을 신기해하면서도 무서워했던 기억이 있습니다. 실제로 이곳 지방 도시에서 몇 년 전 아이들을 유괴해서 장기를 내다 팔다가 적발 된 적이 있었고, 이 일로 분개한 주민들이 프렌치를 잡아 불에 태워 죽인 적도 있었습니다.

이곳 아이들 가운데는 해외로 입양이 되어 가는 경우가 종종 있습니다. 지난번 보았는데 보이지 않는 아이는 해외로 입양을 간 경우입니다.

제가 아는 헤리는 1년도 되기 전에 토파자에 왔고, 1년 반이 될 즈음에 미국으로 입양될 가정이 정해져서 입양 서류를 준비하고 있었습니다. 마다가스카르에 파견 나와 있던 미국인 부부가 헤리를 아들로 입양하기로 했던 것입니다.

마다가스카르 가족계획부(Ministry of Family Planning)의 허락을 얻고 (주) 마다 미국 대사관의 서류를 준비하는 과정은 어렵고 길었습니다. 아빠가 될 사람은 파견기간이 완료되었지만 입양 절차를 끝내지 못해서 6개월을 더 기다리며 이 일만 진행했습니다. 미국인 부부로서는 많은 손해와 희생을 치르며 최선을 다했던 것입니다. 그러나 6개월이 지나도 서류가 통과되지 못했습니다. 그래서 서류가 끝난 다른 아이를 데리고 미국으로 떠났습니다. 헤리의 운명이 다른 아이와 바뀌어 버린 것입니다.

본인이 토파자에 갔더니 미국에 있어야할 2살 꼬마 헤리는 아무 것도 모르고 다른 아이들과 뛰어 놀고 있었습니다. 딴뗄리 원장에게 물었더니 자초지종을 설명해주었습니다. 헤리를 꼭 껴안아 주었더니 작은 팔로 저를 꼭 붙잡아 주었습니다. 저는 속으로 기도했습니다. "하나님, 지금쯤 미국에 있어야 하는 헤리, 얼마나 많은 사랑을 받고 미국 아이로 자라며 살아갈 수 있었는데 지금 여기 있습니다. 지켜주시고 보호해주세요…" 다시 헤리는 맨발로 뛰어나가 아이들과 신나게 놉니다.

한 달 후 다시 토파자에 갔는데 헤리가 보이지 않았습니다. 원장께 물었더니 헤리는 프랑스 새 가족을 만나 입양되었답니다. 미국시민이 될 헤리는 프랑스 시민이 될 하나님의 계획이었나 봅니다. 부모가 어떤 분인지 물었더니 오래 동안 토파자를 돕던 참 좋은 분들이라고 대답합니다.

'어린이를 구원하는 집', 이렇게 운명이 바뀌기도 하는 곳입니다. 그러나 우리 모두는 주님의 손 안에서 살아갑니다!

고아원 신관: 미니3층, 16미터 x 12미터, 예산 약1억 원

그 후 이야기…

2014년 5월, FJKM 토파자(TOPAZA)고아원 생활관 준공식이 있었습니다. 4개월 막내부터 21살 누나까지 43명 형제자매들이 살아갈 멋진 집이 들어섰습니다. 프랑스 루브르 교회, 미국 올란도 제일교회, 한국 한남교회 등이 후원하여 지어진 건물입니다. 기쁘고 감사한 날, 랄라 목사님과 많은 교계지도자들, 그리고 정부의 가족계획부서에서도 참석하였습니다. 건물이 아름답게 지어져서 어린이들이 참 행복해 하는 모습을 보니 대단히 기뻤습니다. 하나님께서도 기뻐하시는 모습이 보입니다.

"그 거룩한 처소에 계신 하나님은 고아의 아버지시며 과부의 재판장이시니라" (시 68:5)

chapter 22

옥수수 박사 내외의
마다가스카르 방문

2013년 4월 초에 김순권 박사 내외분이 다녀가셨습니다. 제가 마다에 올 때부터 기회가 되면 마다에 와서 옥수수 종자 개발과 증산에 도움을 주겠다고 하셨는데 실로 6년 만에 이 나라에 오셔서 육종 책임자와 몇몇 기관을 방문하고 귀한 시간을 가지셨습니다.

마다의 옥수수 최고 권위자 시므온 박사는 만나고 보니, 이미 수년전 서부 아프리카에 계실 때부터 서로 아는 관계이고 시므온 박사가 김 박사의 지도와 도움을 받았던 사제지간이어서 모든 대화가 너무나 쉽게 풀렸습니다.

김순권 박사님은 짐바브웨 하라레에서 재배한 약 2,000종 옥수수 씨 앗 중에서 442종을 이 나라에 가지고 오셨고, 여기서 시험 재배할 계획 입니다. 이번 방문이 이 나라의 경제발전과 가난의 문제, 기아 극복에 크

김순권 박사 – 한은실 사모(목사) 내외와 함께

게 기여하게 되기를 기도드립니다.

한은실 목사님은 도착한 다음 날인 성령강림 주일에 한인교회 간증을 담아 설교해 주셨습니다. 김 박사께서는 떠나면서 저에게 국제옥수수재단 마다 지부 책임을 부탁하셨습니다.

그 후 이야기…

마다가스카르 국내 시장으로 옥수수 재단의 프로젝트가 발전되지 못하고 있어 안타깝습니다. 문제는 한국이 아니라 마다가스카르에서 협조가 늦고 정치적으로 불안하기 때문입니다. 그러나 한국에서는 언제든지 필요를 요청하면 도움과 협력을 위한 준비가 되어 있습니다.

chapter 23

Happy Easter
from Madagascar!

약 130여 명의 한인들이 살고 있는 이곳에 한인교회가 있습니다. 저는 2008년부터 2012년까지 타나 한인교회 목사로 봉사했습니다. 지난 주일 그곳을 방문했습니다. 마다가스카르에 이주한 한인들과 그 자녀들로 구성된 자그마한 한인교회이지만 믿음과 사랑이 넘치는 교회입니다. 옆의 사진은 2009년 부활주일 예배 사진입니다.

이번 부활 주일에 한 명의 장년 세례와 한 명의 견신례, 성만찬과 특별찬양이 있었고, 부활절 계란과 케익을 준비하여 이웃과 나누었습니다. 예배 후에는 온 교우들과 함께 바비큐 파티를 열었습니다.

여기도 교회학교가 있어서 희망이 넘칩니다. 엄마 아빠를 따라 멀리 이곳 아프리카에까지 왔지만, 리세 프랑스와 아메이칸 스쿨에서는 가장 뛰어난 학생들이 바로 우리 자녀들이랍니다. 이들 중에는 프랑스 정부

타나 한인교회의 주일예배 이모저모

의 장학금을 받은 학생들도 있고, 대학과 대학원에서 좋은 장학금을 받은 2세들도 있습니다. 부모들은 고생을 해도 이들이 자랑이며 희망이고 하나님의 기쁨입니다.

한때 이민자들의 숫자가 많은때는 40~50명이 모이기도 했지만 이민교회는 어디나 그렇듯이 변동이 많습니다. 한국 사람들은 세계 어디를 가더라도 제일 먼저 '교회'를 세우고, 신앙공동체를 만드는 믿음을 중시하는 민족입니다. 그래서 하나님께서 우리 민족을 사랑해 주시고 축복해 주시나 봅니다.

chapter 24

성주인터내셔널 김성주 회장의
마다가스카르 사랑

저는 한국에서 (주)성주 본사의 직원예배를 11년 동안 인도하였고 김성주 회장님과는 깊은 믿음의 교제를 나누어 왔습니다. 그런 연유로 그분은 지금까지도 늘 저를 위해 기도해 주시고 많은 도움을 주셨습니다. 제가 이곳에 오기 훨씬 이전인 2003년에는 황성주 박사를 통하여 마다에 병원을 짓는 일에 큰 헌금을 보내기도 했습니다. 그러나 안타깝게도 그 병원은 아직 개원하지 못하고 소송 중입니다. 많은 도움 중에 하나의 사례를 저의 선교보고 중 일부를 인용하여 설명 드리겠습니다.

(주)성주 인터내셔널은 제가 11년 동안 매월 예배를 인도했던 곳입니다. 해마다 성탄절에 많은 MCM과 Marks & Spencer의 고가 물건들을 예닮교회에 보내 주셔서 그것을 판매한 수익금으로 저를 후원하게 해 주셨

마다 신문에 보도된 성주 재단 지원금 기부 기사

습니다. 이 일을 위해서 노력으로 수고하신 분들은 예닮교회의 '사랑 나눔' 회원들이십니다. 사랑 나눔은 제가 제일 자랑스러워하는 예닮의 봉사림 입니다. 아껴 쓰고, 나눠 쓰고, 바꿔 쓰고, 다시 쓰는 운동입니다. 예닮에는 '사랑 나눔'이라는 상설가게가 있습니다.

이번에 500만원이라는 예기치 않았던 큰 헌금을 후원회로 보내 주셨습니다. 그리고 저는 그 헌금을 꼭 필요한 두 곳에 (주)성주와 예닮교회의 이름으로 전달했습니다. 그곳은 케냐 RVA(선교사 학교)의 한국어 교실과 이곳 안타나나리브 한인교회입니다. 너무나 뿌듯하고 감사했습니다.

-2009년 8월 선교보고서 중 일부

이토시 병원 모자(母子)보건 지원금 전달

　성주에서는 이번 예닮교회와 선교후원회 방문 팀이 오시는 즈음에 10,000,000원의 헌금을 보내셨습니다. 그 헌금은 이토시 국립병원의 모자보건과 AIDS 퇴치 교육과 사업에, 그리고 암부히바우 루터란병원의 극빈자 백내장 수술비용으로 사용될 것입니다. 여기 마다가스카르에는 유난히 백내장 환자가 많습니다.

　위에 언급한 두 병원은 모두 한국의 해외의료지도자 과정을 마친 원장들이 있는 곳입니다. 저희들이 주선하여 서울대학 분당병원 해외의료인 수련과정에 유학을 다녀온 분들입니다. 헌금을 전달하려고 갔더니 원장님들이 저와 방문팀을 보고 무척이나 감사해 하셨습니다.

chapter 25

마다의 길거리 제재소 :
흥부네 박타듯이

여기도 제재소나 목재소가 있습니다. 그러나 이렇게 기계가 아닌 커다란 톱으로 나무를 잘라서 판자를 만드는 모습을 길가에서 쉽게 볼 수 있습니다. 세계는 기계화로 발전의 속도가 얼마나 빠른데 아직도 이렇게 톱으로 나무를 켜서 판자를 만들고 있으니 참으로 한심한(?) 이 나라의 기술 수준입니다.

여기 나무는 질이 참 좋습니다. '흥부네 박 타듯한다.'라는 말이 불현듯 생각나서 그 옆을 지나가다가 오늘은 나도 한번 켜 보자고 작정하고 달려들었습니다. 쉬운 일이 아니더군요. 힘이 엄청 많이 듭니다. 10분을 하고 나니 온 몸에 땀이 흠뻑 배고 숨이 가빠서 하는 수 없이 내려왔습니다. 그래도 모처럼 즐거운 경험이었습니다.

이렇게 큰 나무를 톱으로 자르는 사람은 김창주 목사!

위에서 한 사람 밑에서 한 사람이 톱질하여 자르고 있다

chapter 26

구제품으로 단장한
마다의 공무원

"한국 돈 좀 바꾸어 주세요."

말라가시들이 종종 이런 부탁을 합니다. 그럴 때마다 저는 한국 돈을 받고 마다가스카르 현지 돈을 내어줍니다. 한 두 번이 아닙니다. 아마도 열 번도 넘게 바꾸어 주었던 것 같습니다. 천 원권, 오천 원권, 만 원권…

2002년 한-일 월드컵 로고가 새겨진 옷을 입고 있는 말라가시

어디서 생겼느냐고 물으면 하나같이 "헌 옷을 샀는데 그 안에 있었다" 고 대답합니다. 참 이상한 일입니다. 한국 사람들이 가난한 사람들을 위해서 일부러 돈을 넣어서 헌 옷을 보냈나? 그런 건 아니겠지요? 옷을 버리면서 미처 확인하지 않고 그냥 헌옷 수거함에 넣은 것일까요? 한국 돈 1만 원은 이 나라 화폐 단위로 약 2만 아리아리이고, 노동자들의 3~4일 일당에 해당하는 아주 큰돈입니다.

여기서 한국 옷이나 모자를 그대로 쓰고 다니는 사람들을 보는 건 참으로 재미있는 광경입니다. 우체국 모자도 있고, 조기축구회 옷도 있고, 유치원 교복, 가방도 있습니다. 붉은 악마 유니폼은 자주 눈에 띕니다. 어제는 관세청 정복을 입은 청년도 만났습니다. 대한민국 관세청 직원을 여기 마다가스카르에서 만난 셈입니다.

한번은 마다 경찰이 다가오는데 그가 입고 있는 경찰관 정복에 '경찰' 이라고 한글로 적혀 있었습니다. 이걸 재미있다고 해야 할지, 황당하다고 해야 할지…

대한민국 관세청 근무복을 입고 있는 마다 청년

chapter 27

말라가시
대통령 선거

　2013년 12월 20일, 4년 10개월 동안의 쿠테타 정부를 종식하는 날이
자 말라가시 대통령과 151명의 국회의원을 뽑는 날입니다. 쿠테타 정부
는 5년 동안 이런 저런 이유를 대면서 국민과의 약속을 어기며 선거일정
을 미루더니 결국은 2013년 12월이 돼서야 더 이상은 안 되겠다고 판단
한 모양입니다.

　선거공고가 나가자 무려 48명의 대통령 후보들이 등록하여 기네스북
에도 올랐답니다. 이런 사태를 맞이하여 저는 '과연 아프리카에 민주주
의가 가능할까?'라는 회의가 들었습니다. 물론 아프리카라고 해서 민주
주의를 하지 못한다는 건 아닙니다만, 아직도 60%가 넘는 문맹률에 투
표용지를 만들 돈조차 없는 나라가 바로 마다가스카르이기 때문에 해
본 생각입니다.

훼손된 선거 포스터들

투표하는 모습

투표는 평화롭게 진행되었습니다. 우리 동네 선거/투표 장소를 찾아
가 보았습니다. 이 나라의 풀뿌리 민주주의 현장을 직접 보고 싶었습니
다. 수고하는 선거관리원들을 위해서 음료수로 격려해 주었습니다. 투표
장소, 기표소, 투표용지, 투표함, 모두 열악했지만 투표는 차분히 진행되
고 있었습니다. 최종 개표 결과는 내년 1월 7일 전후에 발표된다고 합니
다. 계속 기도가 필요한 이유입니다.

그 후 이야기…

2009년 쿠테타 정부를 피해 남아공으로 망명 갔던 마크 라발루마나
나 대통령이 2014년 9월 13일(월) 마다에 도착했습니다. 어설픈 쿠테타
의 성공으로 아직도 서구와 아프리카 연합은 이 과도정부를 인정하지
않고 있으며, 마다가스카르는 아프리카 연합(AU)과 아프리카 경제 동맹
(SADC)의 회원 자격도 박탈당했습니다.

마크 라발루마나나 전 대통령은 그동안 여러 차례 귀국을 시도했지만
쿠테타 정부의 반대로 도착하지 못했습니다. 2012년에는 돌아오다가 정

부의 불허로 비행기가 돌아가기도 했습니다.

이번에는 소문 없이 귀국하여 자택에서 기자들을 만나고 지금은 모처에서 조사를 받고 있답니다. 많은 사람들은 '다다(아버지)가 돌아왔다.'며 좋아한다는 보도도 실렸습니다. 어제 신문에는 군부의 내분이 심화된다는 보도가 있었습니다. 일부 중견 군 간부들은 더 이상 상부의 명령을 따르지 않을 것이며, 현 과도정부의 데모진압과 국민을 향한 발포명령에 불복종하겠다고 발표했습니다.

오늘 FJKM 교단에서는 시국을 위한 기도회를 가졌습니다. 평화로운 문제 해결과 정치와 사회의 안정을 위한 예배였습니다. 저희 내외도 참석하고 왔습니다.

전 대통령의 귀국으로 정치와 사회가 안정을 찾고, 이 나라 경제가 발전하는 계기가 되기를 바랍니다. 함께 기도해 주시기 바랍니다.

전임 대통령의 귀국 소식을 알리는 신문기사

chapter 28

세계 최빈국에서 느끼는
불편한 진실

오늘도 차에 기름을 가득 채웠습니다. 보통 테라칸에 디젤을 가득 채우면 69리터가 들어가고 197,000아리아리(96,700원)의 비용이 듭니다. 오늘도 차에 기름을 넣으면서 죄책감마저도 들었습니다. 오늘 제가 지불한 기름 값이 주유소에서 일하는 사람의 두 달치 월급이기 때문입니다. 이 나라 노동자의 한 달 월급이 80,000~120,000아리($40~$60)입니다. 한 달이면 3~4번 이렇게 기름을 넣습니다.

여기에서 두 세 사람을 만나서 한번 식사를 대접하면 보통 10만에서 15만 아리아리의 비용이 나옵니다. 말라가시 웨이터들의 한 달 월급보다 많은 돈입니다. 언제나 식사를 마치고 식당을 나올 때면 미안하기도 하고 죄인이 된 기분입니다.

우리 집은 전기를 씁니다. 절약해서 사용해도 매달 우리가 내는 전기/수도세는 말라가시 노동자의 보통 두 달 월급에 해당됩니다. 제가 속해 있는 FJKM 총회 직원의 월급은 약10만 아리, 저와 같이 가르치는 신학교 교수들의 월급은 22만 아리아리입니다. 그런데 우리 집에서 쓰는 인터넷 비용이 한 달에 17만 6천 아리입니다. 선교활동을 해야 하기 때문에 어쩔 수 없이 사용하는 것입니다.

그러나 여기에도 저보다 더 잘 사는 현지인들도 얼마든지 많이 있습니다. 일부 부유층은 한국의 부자들보다 훨씬 더 잘 삽니다. 절대 빈곤의 문제뿐만 아니라 상대빈곤의 문제 역시 심각합니다.

그래서 저는 저 자신에게 끝없이 묻고 또 묻습니다.

"이 땅의 선교사로서 어떻게 살아야 하나?"
"주님이라면 어떻게 하셨을까?"

저는 늘 이런 생각들로 마음이 불편합니다. 아마도 저 뿐만 아니라 모든 선교사들의 공통된 심정일 것입니다. 무능한 지도자들로 인해서 백성들이 굶습니다. 자원이 많고 기후도 좋은데 왜 아직도 절대 빈곤 속에서 벗어나지 못하는가? 이 땅의 사람들은 언제나 가난의 굴레를 벗어나게 될까? 그런 것들을 생각하니 참 가슴이 아픕니다.

아래 사진을 보세요. 우리 신학교 앞에서 자기가 직접 만든 신발 세 켤레를 놓고 하루 종일 앉아서 팔고 있는 아주머니의 모습입니다. 저걸 다 팔면 그 돈으로 장을 보아서 집으로 돌아가 아이들과 저녁을 먹겠지요. 이 땅에 배고픔이 사라지는 날, 말라가시들도 배불리 먹는 날이 오기를 기도드립니다. 하나님께서 하루 속히 그런 날을 주시기를…

우리 신학교 담장에서 신발을 파는 아주머니　　　자기가 직접 만든 신발 한 켤레 1,000원

chapter 29

한국음식 하나
포기하지 못하는 선교사

짜장면, 우동, 순대, 족발, 해장국, 홍합, 스시, 카스테라… 먹고 싶은 것들 날마다 늘어납니다. 쉽게 먹을 수 없으니 더 먹고 싶어집니다. 이 나이에 식욕하나 조절 못하니 부끄럽습니다.

≪김치하나 포기하지 못하는 선교사≫라는 어떤 선교사가 쓴 책을 읽은 기억이 있는데, 제가 바로 그렇습니다. 얼마 전 바닷가에서 온 귀한 참치를 어떤 분이 주셔서 제가 직접 스시를 만들었습니다. 사실 그 며칠 전 스시를 만드는 꿈을 꾸다가 못 먹고 깬 적이 있었는데 하나님께서 그 꿈까지도 이루어 주셨습니다.

chapter 30

혼자서 제 머리를 깎았습니다

처음 와서 아프리카 적응 훈련을 받았을 때 아프리카에서는 이발소와 미장원에서 AIDS에 감염 될 수도 있으므로 조심해야 한다는 교육을 받았습니다. 그런 말을 들었을 때 기분이 별로 좋지 않았습니다. 왜냐하면 가위를 통해서도 감염될 수 있고 빗이나 가위도 깨끗하지 않다는 이야기였습니다.

마다가스카르 선교지에 올 때 미장원을 운영하던 한 교우가 아주 좋은 이발 셋트를 선물해 주셨습니다. 워낙이 머리 깎기를 좋아해서 제 머리와 두 아들의 머리를 직접 깎기 시작했습니다. 처음에는 쥐가 뜯어 먹은 듯이 파먹기가 일쑤였습니다. 그러나 차츰 아이들이 만족해 하자 아내도 자기 머리를 내게 맡겼습니다.

생전 처음 잘라보는 여성의 머리결… 한 쪽을 깎다 보니 반대쪽이 더

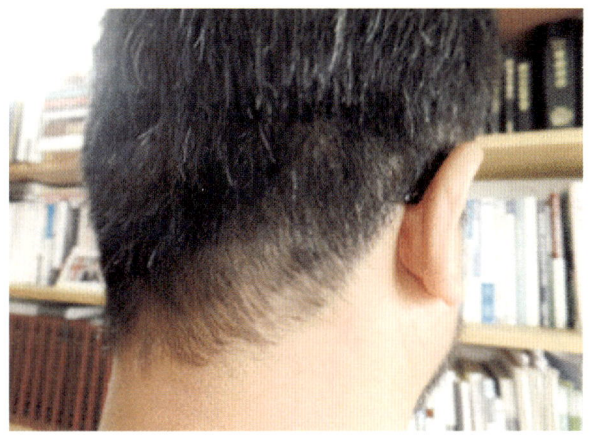

길고, 그 쪽을 자르다 보니 다른 쪽이 더 길고… 결국 단발이 되고나니 겁이 덜컥 났습니다. 여러분은 제 아내의 머리숱이 많지 않다는 사실을 아실 것입니다. 그렇게 중단하고 나서 궁색한 변명을 했습니다.

"여보 한 달 지나면 다시 길어진다, 이번에 좀 뭐 하네!"

거울을 통해 자기 머리를 쳐다보며 우는 아내에게 대단히 미안했던 적이 있었습니다.

이제 저는 가위 손 경력이 9년이나 되었습니다. 스스로 나름 이력이 났다고 믿습니다. 저는 머리숱이 많은 편이어서 조금 파먹어도 한 두 주가 지나면 채워집니다. 그리고 제가 뒷 모습을 보지 않으니 잊고 살아갑니다. 어떤 때는 한국 이발소에서 깎은 것 보다 제가 더 자연스럽게 잘 깎았다고 착각할 정도의 기술이 되었습니다. 이발 후 머리 뒤쪽의 면도도 혼자 할 수 있으니 스스로 행복하고 감사해 합니다.

chapter 31

겨울이 오기 전,
추수기에 마다는 우기입니다

해마다 우기와 건기가 반복되는 아프리카에서 '비'는 축복입니다. 그러나 우기에만 집중되는 많은 비는 농사에 도움이 되기도 하지만 해로움도 줍니다. 비가 와야 모내기를 시작하지만 요즈음 강한 바람을 몰고 오는 싸이클론은 다 자란 벼를 물에 잠기게 하여 알이 여물기도 전에 볏단을 베고 타작해야만 합니다. 아직 녹색인데 알이 차지 않는 볏단을 타작하는 모습이 안타깝습니다.

돌 위에 벼를 내리치며 벼 타작을 하는 모습은 8년 전이나 지금이나 똑 같습니다. 아무런 변화도 없고 발전도 없이 살아가는 사람들을 보면 마음이 아픕니다. 비에 잠긴 논에서 볏단을 묶고 건져 내는 장면을 보며 사진을 찍었습니다. 여기가 마다가스카르의 수도입니다. 공항에서 시내로 들어가는 도심지 주변의 모습이 이렇다면 시골은 어떨까요?

물에 잠긴 논에서 벼를 끌어내는 농민들

벼 타작을 하는 모습

chapter 32

오바마
블랙이네요!

뉴욕에 사는 친구 목사님 딸이 마다가스카르에 한 달 간 봉사하러 왔습니다. 뉴욕의 유명한 디자인 대학에서 공부하는 수재입니다. 전 세계를 많이 다닌 여학생이지만 아프리카는 처음이랍니다. 기대도 많이 했지만 시작도 하기 전부터 황열병에 말라리아까지 조심해야 한다는 주의와 함께 약을 먹고 주사를 맞느라 많은 걱정을 하며 왔답니다. 오랜 만에 마치 딸이 생기기라도 한 듯 무척이나 반가웠습니다.

20여 시간에 걸쳐 먼 거리를 비행기도 여러 번 갈아타고 한 밤중 자정이 지나 마다가스카르에 도착했습니다. 뉴욕에 비하면 시골정류장 같은 이바투 공항을 나와 집으로 돌아오면서 처음 만난 말라가시들에 대한 소감을 말합니다.

"목사님, 여기 사람들이 오바마 블랙이네요!"

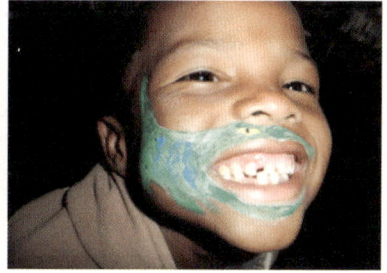

미국에서 온 수아의 봉사활동

　세계의 인종 전시장 같은 뉴욕에서 왔기 때문에, 아프리카 사람들을 많이 보았기에 여기도 대부분 새까맣고 무서운 사람들인 줄 알았는데, 말라가시들은 그렇게 검지 않고 짙은 브라운 톤이라는 사실에 놀란 모양입니다. 말라가시 사람들이 들으면 기분 좋을 표현입니다. 이제 만나는 사람들에게 "당신들은 모두 다 오바마 블랙이야, 오바마 대통령과 같은 톤의 브라운이야!"라고 말해 주어야 하겠습니다.

　수년 전 대한성서공회에서 '말라가시-영어 대조성경'을 인쇄하여 기증할 때 표지를 하드 커브로 만들면서 검은색, 푸른색, 흰색, 버간디 4종류의 색상으로 만들어 주셨습니다. 선물을 하거나 판매 할 때 어떤 색 표지가 제일 많이 팔렸을까요?

　단연 흰색입니다! 무조건 흰색을 달라고 합니다. 흰색은 쉽게 더러워지고 나중에는 보기 싫어진다고 설명해도 일단 흰색을 선택합니다. 오바마 블랙 정도로 약간 검은 피부를 가졌지만 착하디 착한 사람들입니다.

chapter 33

친구 목사의 마다
방문과 수해헌금 전달

아프리카에서도 이곳 마다가스카르까지 찾아오는 사람은 많지 않습니다. 신학교 시절부터 35년 지기인 금창락 목사 내외분이 케냐 총회 이후 저와 함께 이곳으로 왔습니다. 어제 주일 마다의 모교회 중 한 곳에서 함께 예배드렸고 자녀들 이야기와 목회이야기 등등, 지난 이야기들로 꽃을 피우며 모처럼 행복한 시간을 가졌습니다. 이곳 선교지를 둘러보고 오늘은 의료봉사에 같이 동행합니다.

이전에 보내드린 선교보고를 보시고 마다가스카르 수해 현장을 안타깝게 여겨 수해헌금을 보내 주신 교회들이 있습니다. 미국 로스엔젤레스 토렌스 서부교회와 대구동원교회입니다. 오늘 약 9,100불의 헌금을 FJKM총회에 전달했습니다. 한국교회를 대신하여 제가 인사를 전하고 동원교회 금 목사께서 이곳에 총회 실행위원회가 열리는 자리에서 수해

입은 교회와 신학교 기숙사 복구비를 전달했습니다. 총회장 랄라 목사와 부총회장 마크 장로(전대통령), 그리고 실행위원들의 감사 인사를 받았습니다.

대구 동원교회 금창락 목사 부부의 마다 방문

부총회장(전 대통령) 마크 장로에게 헌금을 전달하는 금창락 목사

chapter 34

마다가스카르 선교후원회와
예닭교회의 마다가르카르 방문

아프리카 오지의 선교지를 방문하는 일은 외로운 선교사에게 큰 힘이 될 뿐만 아니라 선교지를 방문하는 분들에게도 신앙에 많은 유익이 됩니다. 선교지를 다녀오면 잠자던 신앙이 각성을 하게 되고 반성과 새로운 동력을 얻게 됩니다. 특별히 박해 받는 지역에서 신앙을 지키는 분들을 만나면 지금 우리가 얼마나 많은 복을 누리고 있는지 깨닫게 되고 다시 뜨거워 지는 경험을 하게 됩니다. 각성을 호소하는 설교나 잔소리가 필요 없습니다. 특히 아시아와 아프리카의 가난한 지역을 다녀 오면 감동과 은혜의 물결을 경험하게 됩니다.

그래서 저는 선교지를 자주 다녀오시라고 권합니다. 신실한 권사님들은 비행기를 타고 다녀 오는 그 비용으로 오히려 선교지에 헌금 드리고 싶다고 말씀하시며 사양하십니다. 그 분들의 진심을 충분히 이해할 수 있습니다. 그러나 저는 다시 이렇게 권합니다.

"그 비싼 항공요금을 선교지에 드리면 참 큰 도움이 됩니다. 백 번 천 번 맞는 말씀입니다! 그러나 다녀오시면 먼저는 권사님께서 더 큰 은혜를 받으시고, 아마 두세 배 더 많은 헌금을 드리고 더 오래 동안 기도하실 것입니다."

아프리카 마다가스카르는 지리상으로는 아프리카 대륙보다 한국에 더 가깝습니다. 그러나 항공은 남아공화국을 거치든지 아니면 케냐나 두바이 또는 모리셔스를 거쳐야 하기 때문에 항공요금은 더 비쌉니다. 비싸도 몇 백불 비싼 것이 아니라 나이로비나 요하네스 버그보다 800불에서 1,000불이 더 비쌉니다. 이해하시기 어려우실 것입니다. 에어 마다 (마다가스카르 항공)가 운행되기 때문에 마다에 입항하는 모든 항공사는 에어 마다가 책정한 항공요금 보다 비싸게 요금을 받아야 한다는 규정이 있습니다. 에어 마다가 서비스가 좋아서가 아니라 자국의 국적기를 보호하기 위한 조치인데, 모든 부담은 마다에 사는 사람들이 지고 있는 실정입니다.

그런 이유 때문에 마다가스카르 선교지를 방문하거나 단기 선교, 혹은 선교지 탐방을 하는 한국 교회의 방문이 아프리카 대륙의 다른 나라보다 1/10 정도에도 미치지 못합니다. 어쩌면 그래서 선교사들이 자기 일에 더 집중할 시간이 많은 장점이 있는지도 모릅니다. 사실 선교지에 있으면서 선교사가 단기 선교팀과 방문자들의 안내자, 여행 가이드 역할을 하는 부작용도 많습니다.

마다가스카르 선교후원회 회장과 본인을 파송한 교단의 총무, 소속

노회 노회장, 세계 선린회 회장과 임원들이 방문하신 적이 있습니다. 본인이 목회하던 예닮교회 장로님과 교인들도 마다가스카르는 꼭 가보고 싶은 나라라고 관심을 많이 표명하셨지만 실제로 오시고 방문하신 분은 그리 많지 않으십니다.

이번에 마다 선교후원회 임원으로 일하시면서 저희 마다 사역을 지원하여 주신 허리훈, 박명호 장로와 본인을 파송한 한국기독교장로회 서울북노회장이시며 예닮교회 당회장이신 지인성 목사와 여러 분들이 마다가스카르를 방문해 주셨습니다. 그동안 본인이 실시한 모든 사역을 점검하고 앞으로의 장기적인 마다 사역의 방향을 세우기 위한 중요한 목적을 가진 방문이셨습니다.

감사하게도 (주)성주 인터내셔널에서 이곳 마다의 여성과 모자 보건을 위해서 큰 기금을 보내 주시기로 했는데, 이 기금은 이투시 국립병원

이바투 신학교 방문, 수업 참관 및 격려

한국에서 수련한 의사들을 점심 초대 후 독립거리에서

무룬다바 바오밥 에비뉴 앞에서

의 모자보건과 암부히바우 루터란병원의 안과 백내장 개안수술을 위해서 사용하기로 했고 그 헌금도 전달해 주셨습니다.

FJKM 총회와 총회장과의 선교협력 논의 - 만찬 - 이바투와 암바투나캉가 신학교 방문 - 암파르베 기숙사 방문 - 루터란병원 방문 - 이토시병원 방문 - 후피탈리 방문 - 성주재단 모자 보건소 방문 - 백내장 기금전달식 - 황성주병원 중단 현장 방문 - 3.29독립운동 현장방문 - 안짜하마미 세계선린회 양계프로젝트 현장 확인 - 마하주아리브 우물사업 현장 방문 - 벽돌마을 방문 - 안찌라베 초등학교 방문 - 암파마리나나 방문 - 파라부히츠라 순교자 기념교회 방문 - 파라부히츠라 교회에서의 두 번 예배 - 한국에서 수련한 의사들 초청 만찬 개최 - 안다시베 바쿠나 방문 - 무룬다바 국립공원에서 바오밥 애비뉴 관광까지….

정말 새벽부터 밤늦게까지 강행군하며 일정을 잘 소화해 내신 여섯 분의 마다 방문팀에 존경하는 마음을 담아 감사드립니다.

chapter 35

선교후원회 총무
이대건 목사 내외 마다 방문

　지난 한 주간 이대건 목사와 최연실 사모께서 이곳 마다 공식방문
을 마치시고 오늘 출국하셨습니다. 목사님은 작년에 이어 마다가스카르
방문이 두 번째이셔서 친근해 보이셨고 사모님은 선교지에 대한 사랑과
말라가시들에 대한 큰 애정을 가지고 돌아가셨습니다.

　마다가스카르 성서공회를 공식방문하고 마크 라쿠투 총무의 말-영
성경 헌증식과 이곳에서 배포되는 상황과 내년 말라가시 성경 번역 175
주년 행사와 한국에서 있을 세계성서공회 총회까지 많은 논의를 하였
고, 특히 말-영 성서의 반응이 대단히 좋다는 기쁜 소식을 들었습니다.
뿐만 아니라 FJKM총회 본부를 방문하여 랄라 라센드라하시나 총회장과
마리나시 총무와의 만남, 총회 산하 8개 기관의 채플린 미니스트리의 책
임자인 또 다른 랄라 목사와 만남을 가졌습니다.

말라가시 성서공회 루돌프 목사, 이 목사, 라쿠투 총무

　제가 일하는 암바투나캉가 신학교와 이바투 신학교를 방문하셨으며 아누시베 교회(영지교회 후원), 안두하루 교회(배학분 권사님 후원) 암부히드라난드리아나 교회를 방문하였고 이곳 타나에 있는 안타나나리브 한인교회에서 주일 설교를 하셨고 후원회의 이름으로 한인교회에는 건축헌금을, 암바투나캉가에는 신학교 발전기금을 전달하셨습니다. 그리고 직전 부총회장 퍼린 쿠퍼 목사 내외와 현 부총회장인 로랑 라맘바순 목사와 만찬 등 분주한 일정을 보내셨습니다.

암부히드라난드리아나 마을에서, 이대건 목사 부부-왼쪽

그 외에도 선린회 양돈 사업처 두 곳을 모두 방문하여 현황과 계획을 의논하였고 특히 작년에 암부히드라난드리아에서 시작한 양돈 프로젝트 안시라베 프로젝트 현장에서는 처음 낳은 새끼들 뿐만 아니라, 벌써 그 새끼들이 3대까지 낳았다는 이야기와 함께 양돈 농가를 방문하여 두 달된 새끼들을 볼 수 있었습니다. 이곳이 우기여서 길은 험하고 어려웠지만 새로 보내주신 테라칸으로 무사히 다녀 올 수 있었습니다.

chapter 36

미국 교회를 보며
한국 교회를 생각합니다

저는 미국에서 안식년으로 있는 기간 동안 매 주일 미국교회와 한인 교회 예배를 두 번 이상 참석하였습니다. 되도록 많은 교회들을 경험하면서 저의 신앙의 지평을 넓혀보려는 생각때문입니다.

우리는 미국의 역사를 소개할 때면 언제나 청교도들의 신앙을 언급합니다. 특히 추수감사절이 다가오면 감사절의 전통을 메이플라워호를 타고 온 청교도들의 신앙과 함께 생각합니다. 제가 있는 곳이 바로 그 현장입니다.

수많은 아름다운 전통과 1630년 청교도들의 정착, 죽음을 담보로 한 신대륙 이주 역사, 하버드가 있는 보스톤, 프로비던스와 예일대학이 있는 뉴헤이븐, 이들이 이주하여 세운 프린스턴 대학이 바로 그 전통에 세워진 학교들입니다.

뉴헤이븐의 첫 교회, 청교도-UCC 교회

　그들은 제일 먼저 교회를 세우고, 학교를 짓고, 자기들의 집을 만들었습니다. 제가 뉴헤이븐에서 다니는 교회는 1639년 세워진 교회이고, 그 이름 그대로 The First Church In New Haven입니다.

교회 내의 스테인드 글라스

　대학이 도시의 중심이고 중앙에 교회가 있습니다. 그 교회는 이 도시의 상징이고 온 주민들의 자랑이었습니다. 아름다운 스테인드 글라스와 이 교회당을 위해서 제작된 어마어마한 샹드리에, 장방형 십자가 모양의 본당에 얼마나 아름다운 스테인글라스로 장식을 해 왔는지, 그 아름다운 스케인드글라스는 아직도 다 완성되지 못하고 약 2/3만 채워진 교회입니다.

　또한 교회는 뉴욕의 브롱스에 있는 교회입니다. 이 교회의 웅장함을 설명하자면 끝이 없습니다. 본당보다 더 큰 교육관, 거기에는 2층, 3층, 4층에 수많은 교육실들이 있고, 방방 마다 칠판과 코르크로 만든 게시판까지 갖춘, 그야말로 요즘 한국에서도 찾아보기 힘든 최고의 시설이었습니다.

그뿐만이 아닙니다. 본당 지하에는 150평이 넘는 무대를 갖춘 공연장이 있고 그 옆에는 교인들의 친교를 위해서 두 레인의 볼링장까지 만들어져 있었습니다. 한마디로 시설 면에서는 흠잡을 데 없는 완벽한 교회당입니다. 이런 거대하고 화려한 교회가, 그것도 무려 111년의 역사를 가진 교회가 지금은 한인교회에 그 소유권이 넘어가기 바로 직전까지 온 것입니다.

그런데 1500석의 고풍 찬란한 교회에 주일 예배에 참석하는 분은 고작 30명 남짓이라는 사실에 저는 크나 큰 충격을 받았습니다. 그 큰 교회에 단지 30명과 함께 예배를 드리면서 '한국 교회에 이런 일이 생긴다면?' 하는 두려운 마음을 가졌습니다.

오늘날 한국교회의 아픔을 보면 미국교회에서 받은 충격이 되살아 납니다. 우리 민족은 독특합니다. 서구교회와 다른 점들이 많습니다. 그리고 달라야 합니다. 지금의 한국교회의 위기를 극복하지 못하면 우리도 서구교회의 모습을 뒤따라 갈 것입니다. 그러나 저는 미국과 서구교회를 통해서 한국교회가 배우고 달라진다면 분명히 하나님께서 한국교회를 다시 사용하실 것을 믿습니다.

chapter 37

Condolences
조문 · 위로

장인어른의 장례를 위해 한국에 있는 동안 이곳 말라가시 총회, 교회, 신학교 동료들로부터 30여 통의 위로/조문 메일을 받았습니다. 돌아와서 우리 부부가 가는 곳마다 말라가시들은 위로의 말씀과 성경 읽기, 그리고 기도를 해 주었습니다. 그리고 그때마다 봉투를 받았습니다. 이것이 말라가시 fomba(풍습)라고 합니다.

랄라 총회장이 총회본부 임직원들과 함께 우리 집에 오겠다고 합니다. 상을 당하면 바로 조문을 하는데 그때는 우리가 없었고, 이제 아내가 돌아와서 안정을 찾은 다음 오기 위해서 그 동안 기다렸다고 하면서 집에까지 오겠다는 것입니다. 약속을 잡자는데 오지 말라고 사양 하는 것도 예의가 아닌 것 같아서 오라고 했고, 그저께 월요일에 총회장과 임원들 16명이 오셨습니다. 총회에서 우리 집까지는 20km 거리이고 모두 차가 있는 사람들도 아닙니다. 일과 마치고 오면 돌아가는 길도 걱정인데 그렇게나 많이 오셨습니다.

말라가시들은 상가에서 상주는 의자에 앉고 조문 온 사람은 서서 찬송, 기도, 악수하고 돌아갑니다. 저도 여러 차례 상가를 다녀 보아 잘 압니다. 그리고 아무 것도 대접하지 않습니다. 그날 우리에게도 앉으라고 해서 저희 내외는 앉았고 그들은 서서 대표자가 위로의 말과 기도를 해 주었습니다. 고마운 시간이었습니다.

제가 말했습니다. "오케이, 여기까지는 말라가시 풍습이고 이제부터는 한국 풍습으로 우리는 오는 손님을 그냥 보내지 않습니다." 그렇게 설명 한 후, 이번에는 그들을 모두 앉게 하고 음료를 대접했고, 백설기를 주문해서 돌아갈 때 코리안 무푸(빵, 떡)라고 소개하며 한 봉지씩 드리고 수건도 하나씩 드렸습니다. 모두 행복해 하며 돌아갔습니다. 이 나라는 상주가 물 한모금도 대접하지 않습니다.

어제 총회에서 만나니 코리안 무푸 쨩!이라고 하면서 모두 봉투를 주셨습니다. 장모님께 보고 드려야 할 것 같습니다. 참 착하고 선한 말라가시들, 정이 많은 사람들입니다!

상주는 앉고 조문객들은 서서 기도와 찬송을 부릅니다

chapter 38

잠시 아버지를 뵈러
한국에 다녀왔습니다

저는 잠시 아버지를 뵈러 한국을 다녀왔습니다. 뇌경색으로 입원하셔서 걱정했는데 하나님의 은혜와 여러분의 기도로 많이 회복되셨습니다. 어눌하던 말도 정확해 졌고 얼굴의 마비도 풀렸습니다. 그러나 걸음이나

뇌경색에서 회복중인 아버지와 함께

배변에는 약간 문제가 있습니다. 대구에서 열흘을 지내고 22일 출국했습니다. 제가 떠나는 아침, 기도해 주셨는데 저와 동생 김 목사를 혼돈하셔서 순간적으로 눈물이 핑 돌았습니다.

그 후 이야기…

아버지께서는 마다에서 돌아온 후 두 달 동안을 함께 하시다가 2016년 3월 25일, 성금요일 새벽에 하나님의 부르심을 받고 소천하셨습니다. 많은 분들의 사랑 속에 아름다운 장례 예배를 드릴 수 있었습니다.

chapter 39

세계의 전기 사용량을
100이라고 한다면

아프리카의 전기 사정은 어느 나라를 막론하고 어렵습니다. 정전이 잦지 않은 나라가 손꼽을 정도입니다. 정전이 잦다는 소문을 들었기 때문에 처음에 올 때 예닮교회 결혼식 때 사용했던 제단의 초를 많이 가져와서 얼마나 잘 사용했는지 모릅니다. 처음에는 양초를 사용하다가 요즈음은 충전식 손전등을 사용합니다.

전 세계의 전기 사용량을 100이라고 한다면 미국은 그 중에서 20%를, 뉴욕시민은 1%을 사용한다고 합니다. 그러면 아프리카는 얼마를 사용할까요? 세계 인구의 약 15%, 9억 명이 살고 있는 아프리카 대륙은 전체 전기 사용량 가운데 4%의 전기를 소모합니다.

그런데 아프리카 대륙이라고 똑 같은 아프리카가 아닙니다. 아프리카 대륙은 크게 사하라 사막을 중심으로 사하라 북부와 남부로 구분됩니다. 사하라 북쪽은 흑인들이 사는 블랙 아프리카가 아니라 아랍국가들

'세계의 밤' 위성사진

입니다. 그리고 사하라 남쪽은 흑인들이 살고 있습니다. 사하라 북부에는 아랍권의 다섯 나라들이 있습니다. 가장 동쪽부터 이집트, 리비아, 튀니지, 알제리, 모로코가 그 나라들입니다.

그들은 흑인들이 아니며 아랍사람들이고 사하라 이남에 비해서 비교적 잘사는 나라들입니다. 이 다섯 나라와 남아프리카 공화국을 합친 여섯 나라가 아프리카의 4% 전기 중에서 3%를 소비합니다. 인구는 약 2억 명입니다. 그러면 소위 사하라 이남의 모든 흑인들이 사는 아프리카, 인도양에 있는 마다가스카르와 모리셔스, 코모로, 마요테, 셰이셜을 포함한 49개 나라의 약 7억 명 인구가 사용하는 전기는 1%입니다. 뉴욕시민 1,000만이 사용하는 전기와 같은 양입니다. 이것이 세계의 현실입니다.

수년 전 안식년을 맞이하여 뉴헤이븐에서 지낼 때, 한밤 중에 JFK를 떠나며 비행기 창밖으로 보이는 뉴욕시와 맨하튼을 보면서 감탄한 적이 있습니다. 깜깜한 밤이었지만 해안선이 정확히 눈에 들어 왔고 불빛으로 그려지는 뉴욕의 야경과 아름다움을 보면서 저절로 감탄사가 터져 나왔습니다. 유럽에서 왔다는 사업가는 제 옆 자리에 앉아서 'Oh my God!'을 연발했습니다. 우리는 이 아름다운 모습을 보면서 어떻게 하나님을 찬양하지 않을 수 있겠느냐고 의기투합했던 적이 있습니다. 하나님의 위대하심과 인간의 위대함이 만든 뉴욕이라는 도시의 야경이었습니다.

아마 많은 사람들은 인터넷에서 쉽게 찾을 수 있는 '세계의 밤'이라는 인공위성이 찍은 사진을 보셨을 것입니다. 그렇습니다. 한밤 중에 촬영한 사진인데도 어쩌면 그토록 정확히 미국의 해안선과 영국과 유럽 전체의 해안선, 그리고 일본과 남한의 해안선이 분명히 그려질까요? 전기 사용량이 많은 나라들의 해안선은 지도처럼 나타납니다. 그 지도를 보면 저의 눈은 바로 아프리카로 향합니다. 아프리카는 거의 보이지 않습니다. 위에서 말씀 드린 대로 북부 아프리카 다섯 나라가 지중해와 맞닿은 곳과 남아프리카 공화국 외에는 작은 점이 하나씩 보일 뿐입니다.

여러분이 한국이나 유럽과 미국에 사신다면 여러분은 더 절약하셔야 합니다. 한국이나 미국의 경제가 아무리 어렵다고 해도 여전히 여러분은 부자이며 풍요롭게 살아가고 있습니다. 제가 아프리카 선교사로 일한 이후, 저는 '소비가 미덕'이라는 말은 죄악이라고 생각하게 되었습니다. 소비는 결코 미덕이 아닙니다. 그 말은 마케팅 전문가들이 만들어 낸 인류를 기만하는 거짓말일 뿐입니다.

"소비가 미덕이 아니라 절약이 미덕입니다."

chapter 40

나의 애마 테라칸 덕분에
선교사역을 잘 마쳤습니다

마다에서 발과 같은 테라칸은 저의 선교후원회에서 2009년 10월에 보내 주신 중고 자동차입니다. 여기는 비포장 길이 많고 포장이 되었다 해도 제대로 된 도로가 별로 없습니다. 곡선구간에서의 경사도 같은 것을 고려하지 않고 주먹구구식으로 아스팔트만 깔았기 때문에 특히 대형 트레일러들이 급커브길을 돌 때 뒤집혀 있는 경우를 흔하게 봅니다. 또 우기에 비가 좀 왔다 싶으면 도로가 그대로 주저앉는 곳도 많습니다.

이런 곳에서 지난 9년 동안 사고 없이 지구 다섯 바퀴의 거리를 돌아다녔다는 건, 크게는 하나님의 보살핌과 여러분들의 기도 덕분이고 작게는 테라칸 덕분이라고 생각합니다. 여기 마다의 중고차 시장에서 테라칸의 인기는 가히 하늘을 찌를 정도입니다.

마다가스카르 지방도로에서 만나는 사고 현장들

도로를 달리다 보면 뒤집힌 차들을 흔하게 볼 수 있다

제4부

성공적인
해외선교를 위한
일곱 가지 팁

chapter 1

부부가 혼연일체가
되어야 합니다

해외선교를 꿈꾸는 사람들에게 드리고 싶은 첫 번째 조언은 부부가 함께 기도하고 한 마음으로 나아가라는 것입니다. 소명감과 사명감도 중요하고, 투철한 믿음과 하나님께 열심히 매달리는 기도도 중요합니다. 그러나 저는 가장 먼저 부부의 혼연일체가 중요하다고 봅니다. 이런 저의 주장을 의아해 하는 분들이 있을 것입니다. 거기에 대한 대답은 이렇습니다.

저 역시도 초등학교 시절부터 해외선교를 꿈꾸어 왔습니다. 그러나 막상 해외선교, 그것도 아프리카라는 열악한 곳으로 가겠다고 결심하며 마음에 갈등을 겪었습니다. 연로하신 양가 부모님이 계신데, 장남, 장녀인 저희 부부가 선교지로, 그것도 참으로 먼 아프리카로 가겠다는 말씀을 드리기가 죄송했습니다. 그런 갈등과 어려움에 직면했을때 부부가 함께 의논하고 결정하는 일은 참 중요했습니다.

앞에서 말씀드렸듯이 저희 부부는 결혼 전부터 선교에 대한 꿈을 공유하였고 아내는 언제나 남편의 의견과 결정을 존중해 주었습니다. 저는 서울에서 큰 교회의 담임목사로서 안정된 목회를 하고 있었고 아내도 산부인과 전문의로서 행복하고 평안하게 생활하고 있었습니다.

큰 변화가 닥치고 환경이 어렵고 힘든 상황으로 변할 때, 부부가 한마음, 한 뜻으로 혼연일체가 되는 것이 중요합니다. 선교지에서 부부가 헤어지거나 선교사의 가정에 어려움을 겪는 것을 볼 수 있었습니다. 그래서 저는 하나님의 도우심을 구하며 부부가 한 마음이 되는 것을 가장 먼저 말씀드립니다. 제 아내는 저와 함께 더 어려운 사람들을 돕는 일에 자기의 의술을 사용하는 것을 보람으로 느꼈고 선교지에서 마주치는 여러가지 어려운 환경을 잘 이겨내 주었습니다.

막상 마다가스카르라는 미지의 땅에 도착해 보니 여건은 저희들이 한국에서 상상하던 것보다 훨씬 더 어려웠습니다. 무엇보다도 문명으로부터 떨어져 산다는 것, 외로움과 익숙한 것들로부터의 결별이 얼마나 큰 고통인지를 절실히 깨닫게 되었습니다. 하루에도 열 번, 어떤 때는 스무번 이상씩 정전이 반복되었고, 정치적인 불안으로 집 밖을 나가지 못하고 두 주간을 지내기도 했습니다. 신변 안전의 문제, 10대 자녀들의 교육 문제 등등, 이런 다양한 문제들을 부부가 함께 이겨내야 했습니다.

이때에 가장 큰 힘이 되어 주었던 것은 아내의 기도와 격려였습니다. 그 한 예로 '벼룩와의 전쟁'을 들 수 있습니다. 벼룩은 특히 피부가 연약한 아내의 몸을 그렇게 많이 물었습니다. 말라가시들은 모기나 벼룩에

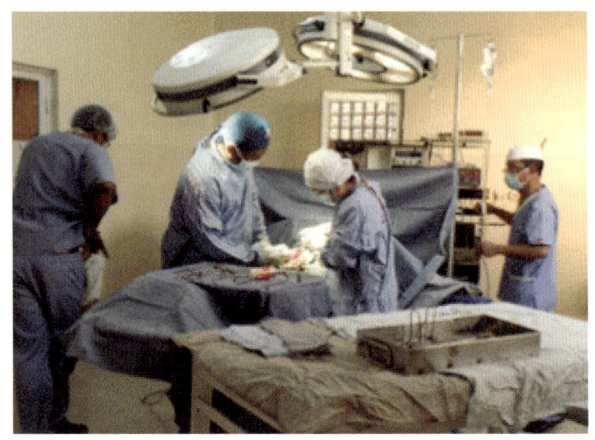

닥터 요하네스와 함께 수술을 하고 있는 임전주 선생

물려도 대수롭지 않게 여기며 몸이 붓지도 않고 잘 견딥니다. 그러나 이 놈들이 아내의 몸을 물면 피부가 약한 아내의 피부는 붉게 변하고 열이 난 다음, 진물이 나고 물린 자리에 구멍이 생깁니다. 열흘 이상 상처를 긁고 아파서 견디지를 못합니다. 길게는 한 달 이상이 지나야 딱지가 생기고 그 흉터는 1년 이상 지속됩니다. 특히 우기에 벼룩이 기승을 부리는데 많이 물릴 때는 한꺼번에 30여 곳이 물리기도 합니다.

가려워서 피가 날 정도로 벅벅 긁는 아내를 보면 불쌍하고 미안해서 한번은 "여보, 벼룩 때문에 당신이 돌아가자고 할까 걱정이다."라고 말하자 아내는 "이까짓 벼룩 때문에 선교를 포기하지는 않아요. 내가 그럴 것 같으면 아예 오지도 않았을 거예요."라고 대답해 주어서 얼마나 고마웠는지 모릅니다. 아내의 그런 헌신과 뚝심 덕분에 이곳에서 9년의 사역을 잘 마칠 수 있었다고 고백합니다.

돌이켜 보면 이곳에서 '의료선교'라는 중요한 한 축을 담당한 것도 아내였고, 저희 가정과 자녀들을 위해서 헌신하고 수고한 사람도 아내였습니다. 안식년 기간 중에도 아프리카의 환자들을 더 잘 돌보기 위해서 미국 미네소타 대학에서 열대의학을 포함한 Global Health를 공부한 맹렬여성이기도 합니다. 선교지에 있으므로 친정아버지의 임종을 보지도 못했지만 꿋꿋이 한 달에 한 번씩 하는 무의촌진료를 거르지 않았습니다. 목사의 아내라는 책임 때문에 주말에는 수백km나 떨어져 있는 교회들 방문도 마다 않고 저와 함께 달려갔습니다.

제가 없는 동안에는 외국인들은 거의 타지 않는 대중교통인 고물 택시베(시내버스)를 타고 다니느라 벼룩에 더 많이 물리기도 했습니다. 아내는 이렇게 저와 파트너가 되어 현지인들을 위해서 봉사하고 수고하여 원주민들의 가슴을 뭉클하게 해 주었습니다. 안식년 중, 미국 동부 Fairfield 소재 Green Hill Church에서 회중들 앞에서 영어로 발표한 선교보고에 선교사 아내로서의 심경이 잘 나타나 있어서 아래에 번역하여 싣습니다.

선교지에서 느끼는 보람과 행복 -임전주

저는 말주변이 없어서 이런 자리에 서지 않는데 오늘은 특별히 선교사로서 훈련받는다는 생각으로 용기를 내었습니다. (중략) 저의 남편은 목사로서 마다가스카르교단에 소속된 암바투나캉가 신학교에서 실천신학을 가르치고, 저는 산부인과 의사로 거기에 있는 루터란 병원과 보건소에서 일하고 한편으로는 무의촌 봉사를 하고 있습니다.

먼저 마다가스카르에 대해 간단히 소개하겠습니다. 마다가스카르는 아프리카 동부, 인도양에 있는 큰 섬나라입니다. 세계에서 네 번째로 큰 섬으로 독립된 국가로서 온갖 희귀한 동식물이 많습니다. 제가 사는 수도인 안타나나리브에서 제일 가까운 바닷가 항구 도시까지 가려면 꼬박 7시간을 운전해서 가야 바다가 보일 정도로 큰 나라입니다. 그러나 대단히 가난합니다. (중략) 전체 인구는 약 2,000만 명이라고 하고 일인당 GDP는 460불이라고 합니다만, 정확한 통계조차 없습니다. 아직도 신발을 신지 못하고 사는 사람들이 수도에도 30% 정도나 있고 지방에는 80%가 넘습니다. 출산율과 영아 사망율도 아주 높습니다. 한 국립병원의 원장은 이 나라의 제일 많은 사망원인이 영양실조이고 제일 많은 질병의 원인 또한 영양실조라고 말합니다.

이제 오늘의 제목인 선교지에서의 보람과 행복에 대해 말씀 드리겠습니다. 여러분들은 선교사들을 생각하면 '얼마나 고생이 많을까?' 또는 '어쩌다가 거기까지 갔을까?' 하고 측은히 여기시는 분들이 많으실 것입니다. 저는 감히 말씀드립니다. 만약 여러분들이 그런 이야기를 하신다면 여러분들은 선교지에서만 맛볼 수 있는 보람과 행복을 모르시고 계시는 것입니다.

저희 부부는 서울에서 목사와 의사로서 일하다가 아프리카로 갔습니다. 남편이 담임목사로 섬기던 교회는 장년이 약 1,200여명 등록된 참 좋은 교회였고 저도 산부인과 전문병원에서 일을 하고 있었습니다. 많은 분들이 '왜 그렇게 안정된 교회와 직장을 그만두고 거기까지 갔느냐? 얼마나 힘들고 어려운 결정이었느냐?'고 자주 물으십니다. 한편으로는 맞는 말씀입니다. 익숙한 모든 것들로부터의 결별은 결코 쉽지만은 않았습니다.

 그러나 저희는 선교지에서의 사역을 저희가 한국에서 하던 목회와 병원일의 연장이라고 생각합니다. 지역과 대상이 다르고 언어와 문화가 다를 뿐, 한국에서 하던 목회와 병원 일과 다를 바가 전혀 없었습니다. 전기가 자주 끊어지고, 인터넷이 느리고, 말라리아 같은 풍토병에 대한 염려와 벼룩에 물려 밤마다 긁어대야 하는 고생과 불편함이 있을 뿐입니다. 제 헤어드레서가 남편입니다. 남편이 잘라 놓은 머리 모양을 보고 마음에 들지 않아서 울었던 때도 있었습니다. 그러나 그것도 돌이켜 보니 선교사의 아내로서만 맛볼 수 있는 행복이었습니다.

 뭐니 뭐니 해도 가장 힘든 일은 자녀들과 떨어져 살아야 하는 일입니다. 그 일까지도 하나님께 맡길 수밖에 없는 현실 앞에서 주님께서는 부모인 저희들보다 더 자상하게 자녀들을 보살펴 주셨음을 깨닫고는 감사드리지 않을 수가 없습니다.

 저희들은 '마다가스카르 사람들이야말로 하나님이 가장 기분이 좋으실 때 만드신 사람들'이라는 농담을 자주합니다. 왜냐고요? 그들이 이 세상에서 가장 착하고 순진한 사람들이기 때문입니다. (중략) 저를 기다리는 환자들, 의사들, 병원 직원들, 저희를 보면 마냥 좋아하는 순진하고 착한 사람들, 남편을 믿고 의지하는 신학생들, 현지 교회 목사님들을 만나면 보람이 넘칩니다.

 또한 가난한 지역을 방문하여 한국의 세계 선린회가 보내준 두 달 된 돼지들을 나누어 주고, 한 달, 두 달, 자라난 모습들을 보고 오면 남편은

'기분이 좋고 흥분되어서 밥을 먹지 않아도 배가 부르다.'고 합니다. 한 번은 새끼 돼지들을 안았더니 제 손가락을 엄마 젖꼭지인줄 알고 빨더군요. 그것 역시도 아프리카이었기에 가능했던 즐거운 추억이라고 생각합니다.

저에게 가장 보람된 시간은 매월 가는 무의촌봉사입니다. 그곳에서는 모든 과의 환자를 진료하게 되지만 대개는 진찰을 하고 약들을 나누어주는 정도입니다. 비타민, 영양제, 구충제, 그밖에 기본적인 약들을 줄 수밖에 없지만, 선한 눈동자로 웃는 모습들을 볼 때 가장 행복하고 보람을 느낍니다. (중략) 한국에서는 여간해서 보지 못하는 큰 혹과 같은 종양들을 수술하는 케이스도 많습니다. 병을 발견하고도 가난하여 시간을 놓치고 늦게 병원을 찾는 환자들을 보면 안타깝기도 합니다.

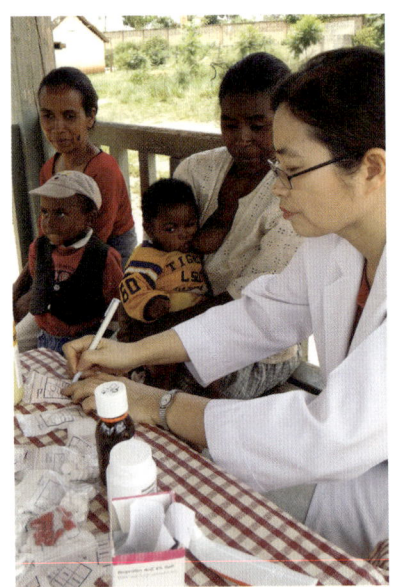
무의촌 의료사역하는 임전주 사모

저는 항상 수술 전에는 환자와 함께 기도합니다. 그렇게 수술했던 환자들이 회복되고 건강하게 퇴원하는 모습을 볼 때 참으로 감사하고 보람됩니다. 그런 감사와 기쁨은 의료시설이 잘 갖추어져 있는 한국에서는 좀처럼 느낄 수 없는, 아프리카의 의료 선교사만이 느낄 수 있는 특권이기도 합니다. (후략)

chapter 2

현지 언어 습득이
필수적입니다

선교지에서 현지어로 소통하기 위해 현지 언어를 배우는 일은 참으로 중요한 일입니다. 이점은 새삼스럽게 설명할 필요도 없습니다. 저희 부부도 마다가스카르에 도착하자마자 제일 먼저 현지어를 배우는 일에 시간과 정성을 다 쏟았습니다. 다음은 저희가 마다에 도착한 직후인 2007년 11월에 보낸 선교보고서 중 일부입니다.

(전략) 이곳은 영 딴 판입니다. 날씨는 점점 더워 오고 매일 낮 기온은 35° 이상입니다. 푸른 하늘에 흰 구름이 뭉게뭉게 피어오르다가도 오후만 되면 어김없이 먹구름이 하늘을 덮고 천둥과 번개가 몰아칩니다. 이곳은 남반구임으로 지금 11월이 여름의 시작이고 우기이며 하루에 한 두 차례씩 세차게 비가 옵니다. 그러면 어김없이 정전이 되고 (지금도 촛불 아

래에서 이 편지를 씁니다) 저희들은 칠흑 같은 어둠 속에서 한참을 보내야합니다. 이때는 한국에서 가져온 초(candle)가 요긴합니다.

저와 아내는 말라가시 언어를 배우고 있습니다. 말라가시는 남성과 여성의 구분이 없고 단수와 복수의 구분도 없으며 같은 단어라도 억양에 따라 뜻이 달라집니다. 단어가 길고 발음도 어렵고 억양은 너무나 생소합니다. 그러나 저희 두 사람은 선의의 경쟁자로 함께 말라가시를 배웁니다. 앞으로 1년 간 언어에 집중하는 것이 저희들이 해야 하는 최우선 과제입니다.(중략)

여기는 한국처럼 외국인에게 언어를 가르쳐주는 학원이 없습니다. 저희를 가르치는 쌍딸선생님은 의사이지만 의사로 일하는 것보다 언어 선생으로 일하는 것이 수입이 더 많아서 의사를 포기한 분입니다. 이 나라 의사 월급이 얼마나 적은지를 짐작할 수 있는 대목입니다. 학생은 아내와 저, 단 두 명뿐인데 그래서 그런지 숙제가 엄청 많습니다.

말라가시 언어를 배우기 시작한 지 4개월이 지났을 때 종합평가를 위한 시험을 친다고 하여 얼마나 긴장하고 떨면서 준비했는지 모릅니다.

사람들은 큰일을 치르고 나면 다시는 그런 일이 자기 인생에서 없기를 바랍니다. 예를 들면 시험이나 지독한 고생, 실패한 경험 등이 그런 것들입니다. 저도 막연하게나마 제 일생에서 '시험'은 더 이상 없을 것이라고 생각했었습니다. 그러나 지난 월요일, 말라가시 시험을 쳤고 아마 앞으로도 몇 차례 더 시험을 치러야 할 모양입니다. 쌍딸 선생님은 그 점수를 저희가 속한 선교회, AIM에 보고해야 한다고 합니다. (중략)

주일 예배를 드리고 한인교회에서 두 번 설교를 하고, 그 다음날인 월요일 시험을 쳤습니다. 여러분들이 짐작하시는 대로 저와 아내는 여러 모로 대비되는 스타일입니다.

아내는 착실한 학생이고 저는 게으른 학생입니다.

아내는 열심히 공부하고 저는 요령껏 공부합니다.

아내는 밤새워서 교과서를 외우고 저는 굵은 글씨만 외웁니다.

아내는 완벽하게 문장을 만들어 말하고 저는 틀려도 마구 말을 합니다.

아내는 수업시간에 말을 잘하고 저는 시장바닥에서 말을 잘합니다.

결과는 어떻게 되었을까요? 누가 더 좋은 점수를 받았을까요?

화요일, 시험 점수를 발표하는 쌍딸 선생님께 저는 항의(?)를 했습니다. 쌍딸 선생님이 아내와 같은 의사임으로 아내에게는 늘 관대하고 저에게는 엄격하다는 생각이 들었기 때문입니다. 시험 점수를 매기는 데도 아내가 주어를 빼고 문장을 만들은 건, izy를 넣어야 한다고 가르쳐 주면서 "맞은 것으로 해 준다…"고 하더군요. 그런데 제가 Ahy를 Aho로 쓰면 줄을 쫙~ 긋고는 "50점만 준다"고 하십니다. 그뿐만이 아닙니다. 평소에도 항상 어려운 문장은 저에게 번역하라고 하고 아내에게는 쉬운 문장만 시킵니다. 그래서 제가 "의사끼리라고 너무 그러지 마시라."고 강력하게 항의를 했습니다. 쌍딸 선생님은 말라가시 의사이고 남편인 빠스칼은 평신도 사역자입니다. 그리고 그 가정의 다섯 자녀들은 모두 훌륭하게 자랐습니다.

시험 결과가 어떻게 되었냐고요?

하하하! 놀라지 마십시오. 아내가 수석을 그리고 제가 차석을 차지하였습니다. 둘이 시험을 치렀으니 한 사람은 일등이고 저는 꼴등이지만 차석인 셈이지요! 시험 후 쌍딸 선생님은 우리 두 사람이 장족의 발전을 했다고, 거의 둘 다 천재 수준이라고 칭찬을 아끼지 않으시더군요. 역시 시험을 쳐야만 공부에 발전이 있나 봅니다. 언어는 일찍 배워야지 40대 후반에 전혀 새로운 언어를 배우겠다고 나선 것은 무식했기에 가능했던 것 같습니다. 무식한 사람이 용감하다고 하지 않던가요! 그래도 1년 후에는 유창하게 말라가시를 할 수 있기를 바라며 열심히 노력하겠습니다. 저희들을 위해서 계속 기도해 주시기 바랍니다.

처음 저희가 마다가스카르에 갔을 때 프랑스 식민지여서 프렌치와 말라가시만 통용하고 거의 영어를 사용하지 않는 것을 보며 '문맹의 상태'를 경험했었습니다. 현지어의 습득은 선교사에게 필수이며 기본입니다. 물론 파송 전에 언어를 마스터 할 수 있으면 더 좋겠지만 아프리카 현지어를 한국에서 배운다는 것은 불가능합니다. 그러므로 꼭 현지에 도착하여 1~2년 언어 연수에 집중하는 일을 권합니다. 언어 공부 때문에 사역이 늦어지는 것을 한국 선교사들은 견디지 못합니다. 그러나 충분한 언어 연수 후, 더 큰 사역을 할 수 있음을 명심하시기 바랍니다.

여기서 한가지 지적하고 싶은 것은 우리 한국인들은 외국어 습득을 잘하는 민족이 아니라는 사실입니다. 이곳에서 9년간 지내면서 현지어를 완벽하게 구사하는 서양 선교사들은 흔하게 만날 수 있었지만, 아직 한국인 선교사 가운데서 현지어를 완벽하게 구사하는 선교사는 만나 본 기억이 없습니다. 한국인 선교사들의 언어 능력을 약하다고 평가한 국제 선교회의 자료가 많이 있습니다.

암바투나캉가 신학교에서 열강 중인 김 목사

아울러 아프리카 나라들은 대개 식민 지배를 당했음으로 영어나 불어가 공용어인 경우가 많고 부족 언어가 다양합니다. 그러나 저희는 마다가스카르의 제2공용어인 프렌치를 배우지 않고 제1공용어인 말라가시를 배우기로 결정했습니다. 프렌치를 배우면 더 많은 나라들에서도 사용되겠지만, 저희가 말라가시 언어를 배우고 사용하면 말라가시 사람들이 저희를 더 좋아하고 친근하게 느끼며 고마워할 것이기 때문이었습니다. 선교지의 식민지배자 언어를 배울 것인지 아니면 현지 언어를 배울 것인지도 심사숙고하여 결정한 중요한 문제입니다.

지난 9년 동안 신학교에서 강의는 영어로, 생활은 말라가시어로 잘 수행할 수 있었던 성공요인은(만약 저희의 선교사역이 성공적이었다고 말할 수 있다면) 하나님의 은혜였으며 그 시작은 말라가시 언어 습득이었다고 고백합니다.

chapter 3

선교의 승패는 정직한 재정과 지속적인 후원입니다

목사 선교사로서 선교의 중요한 관건을 정직한 돈 관리와 재정이라고 말하는 것을 이상하게 생각하지 마시기를 바랍니다. 사업을 실패한 사람들의 통계를 보면 90% 이상이 자금부족으로 인한 파산입니다. 해외선교도 그 점이 중요합니다. 충분한 재정적인 뒷받침과 정직한 사용이 전제되지 않는다면 아무리 뛰어난 능력이 있고 열심을 낸다고 하더라도 어려움을 겪고 실패할 가능성이 많습니다.

선교사들이 가장 많이 시험에 빠지는 경우와 타락하는 것, 혹은 불신을 받는 문제가 바로 선교비 모금, 선교비 사용, 그리고 그 내용을 보고하는 일입니다. 그리고 대부분의 선교사들은 선교비와 재정 문제로 어려움을 당하고 있습니다. 그렇게 멀고 어려운 선교지에서 열심히 사역함에도 불구하고 재정의 문제로 고통을 당하며 불안하게 살아가는 선교사들을 보면 참 마음이 아픕니다.

저는 서울에서 목회를 했고 교단에 속한 목사이며 AIM이라는 국제선
교단체와 한국기독교장로회에서 공식적으로 파송을 받은 선교동역자였
으므로 '마다가스카르 김창주 목사 선교후원회'를 조직하여 그곳을 통하
여 모든 재정이 들어오고 나갔습니다. 저에게는 이렇게 매월 후원되는
선교비와 목적헌금이 충분하였고 사역과 자녀교육까지 후원회에서 책
임져 주셨습니다.

저 역시 단 한 푼의 돈도 선교비 이외의 용도로 쓰지 않았습니다. 모
든 재정은 후원회로 입금되도록 하였으며, 사역을 마치고 돌아온 이
후 선교비로 모여진 재정은 '마다가스카르와 모리셔스를 위한 기금 –
Foundation for Madagascar and Maurice'으로 재단을 세워 계속해서
두 나라들을 돕기로 했습니다. 이렇게 국내 외 여러 곳에서 저의 선교를
위하여 후원해 주는 단체나 개인들이 많이 계셨음으로 저는 참으로 행
복한 선교사였습니다.

제가 한국을 방문하는 동안 혹은 다른 나라에서 선교보고를 하는데
들어가는 항공료와 체제비용도 후원회에서 전부 제공하여 주셨습니다.
그리고 저는 그 여행 중에 얻게 된 선교비와 후원금 등을 다시 후원회에
보고하고 보내드렸습니다. 항상 항공료나 체제비보다 더 많은 선교헌금
을 후원회에 드릴 수 있었습니다.

저는 선교지에 가려고 준비하는 예비 선교사들과 현지에 계신 선교사
들께 조나단 봉크 박사가 쓴 ≪선교와 돈≫이라는 책을 꼭 읽어 보시라
고 권합니다. 에티오피아 선교사의 아들로 태어나 OMSC의 원장을 지낸
봉크 박사는 선교사들의 정직한 재정 관리과 선교비의 문제를 적나라하

게 노출시키며 원칙들을 제시하고 있습니다.

현지에서 사역하면서 필요한 재정은 끝이 없습니다. 도처에 널려 있는 가난한 사람들, 개척교회들, 도움을 요청하는 어려운 사람들, 절대적인 빈곤과 기아선상에서 살아가는 사람들을 매일 만납니다. 모든 사람들을 다 도와주지 못해서 안타까워하면서 이 가난한 땅에서 선교사로 산다는 것이 무엇을 의미하는지, 또 어떻게 살아야 하는 지를 고민하지 않을 수 없었습니다. 그러면서 능력의 한계 앞에서 혼자 자괴감을 느낀적도 수 없이 많이 있었습니다.

솔직히 말씀드리면 선교사 개인이 할 수 있는 일은 너무나도 제한적이고 미약합니다. 동시에 선교사로서 복음전파와 사회개발의 문제는 또다른 차원의 문제이기도 합니다. 그러나 있는 곳에서 정직하게 하나님의 사랑을 전하려면 말로만이 아닌 사랑의 행동이 따라야 하는 것도 사실입니다. 이 일을 외면한다면 우리는 주님의 제자라고 불릴 자격이 없습니다.

어떤 사람은 '선교는 돈으로 하는 것이 아니다!' 라고 말합니다. 맞는 말이지만 동시에 틀린 말이기도 합니다. 선교는 돈으로 하는 것은 아니지만 돈이 없이 할 수 있는 것도 아니기 때문입니다. 야고보 사도의 말씀을 기억합니다.

"만일 형제나 자매가 헐벗고 일용할 양식이 없는데 너희 중에 누구든지 그에게 이르되 평안히 가라, 더웁게 하라, 배부르게 하라 하며 그 몸에 쓸 것을 주지 아니하면 무슨 유익이 있으리요"

실질적이고 구체적인 도움이 없이 공허한 말잔치만 하는 것은 죄악입니다. 그렇다면 어떻게 선교헌금을 모을 것인지, 어떻게 사용할 것인지, 이 문제를 진지하게 생각해야 합니다. 저는 이 일을 위해서 정직하게 일했고 많은 후원자들이 계셨습니다. 장기 사역을 위해서는 후원회와 후원자들의 관리가 대단히 중요합니다. 후원회에서는 신실한 임원들이 모든 재정의 출입을 감시 감독하는 일을 하여야 합니다. 여기에 정직은 필수입니다. 저는 한국을 방문하는 동안 항상 후원회에 보고하는 일과 후원자들의 관리를 대단히 중요하게 생각하고 해 왔습니다.

130여 년 전, 우리나라에 와서 복음을 전한 외국 선교사들의 사역 보고서와 서신들을 읽어보면 선교비 조달과 보고에 많은 노력을 기울인 것을 알 수 있습니다. 귀국하여 더 절박한 심정으로 교회와 친지들을 만나고 돌아다니면서 선교헌금을 모금한 이야기들을 읽게 됩니다. 언더우드 선교사와 그 형 언더우드 장로의 일화, 애양병원을 지은 토플 선교사와 부자 아버지의 이야기는 감동 그 자체입니다. 언더우드의 예를 간단히 들려드리면서 선교비 모금의 중요성을 강조하고자 합니다.

1912년에 언더우드는 모금 차 미국으로 달려갑니다. 몸이 쇠약해 질 대로 쇠약해진 동생이 이리저리 뛰는 것을 안타깝게 여긴 형, 존 언더우드 장로는 본인도 백방으로 노력하여 $52,000이라는 거금을 마련해 줍니다. 그 돈을 가지고 시작한 대학이 바로 조선기독교대학(Chosen Christian College)이며 연희전문, 지금의 연세대학의 전신입니다.

그러나 그 돈으로 대학이 완성된 것은 아닙니다. 운동장 확장, 교사신축 등으로 끝없이 재정이 필요했습니다. 세상을 떠나기 전, 형에게 보낸 편지에서 언더우드는 "형님, 이번이 마지막이라고 생각하시고 한 번만 더 도와주세요."라고 간곡하게 호소합니다.

그러므로 우리들이 정직한 선교비 모금에는 조금도 죄책감을 느낄 필요가 없으며 비굴해질 필요도 없습니다. 그 옛날 우리 조선이라는 나라를 전혀 모르던 믿음의 선조들에게 받은 것을 되돌려 준다는 심정으로 당당하게 모금에 임해야 합니다. 그리고 더 많은 모금을 위하여 더 열심히 뛰되 정직하게 사용해야 합니다. 저에게 보내 주신 고마운 선교헌금의 미담을 한 토막 들려드리겠습니다.

한 번도 만난 적 없는 불교신자 할머니의 큰 헌금

누구에게나 돈은 중요하고 소중합니다. 마음이 없으면 한 푼도 줄 수 없습니다. 그런데 단 한 번도 만난 적이 없는 분이 100,000,000원의 헌금을 후원회로 보내주셨습니다. 할머니는 이 큰 돈을 00절에 기부하시려고 생각하셨답니다. 그러던 중에 저의 사역에 대한 소식을 듣고, 아프리카에 가난한 사람들을 위해서 귀하게 사용해 달라고 하시며 보내주셨습니다.

이른 새벽 전화벨이 울렸습니다. 해외에서 새벽이나 밤늦게 한국에서 전화가 오면 가슴이 덜컹합니다. 혹시 연로하신 부모님이…? 염려하며 전화를 받았습니다. 마다에서 새벽 5시면 한국은 낮 11시입니다. 큰 헌금을 보내려고 하는데 제 개인 통장 번호를 알려달라고 하시는 전화였습니다. (중략) 후원회 통장으로 보내 주시면 된다고 대답해 드리자, 후원회 통장이 아닌 제 통장으로 직접 보내주시겠다는 것입니다. 후원회 통장으로 보내면 거기서 얼마를 떼고 나중에 천천히 보내 주는 것 아니냐고 걱정하셨습니다. 저는 우리 후원회에서는 모든 재정을 정직하게 사용하고 전부 마다가스카르 선교를 위해서 사용하며, 외환으로 보낼 때 필요한 비용도 모두 거기서 책임지고 또 세금정산도 받으실 수 있다고 설명해 드렸습니다. 그러자 할머니는 그때서야 수긍을 하고 편안하게 후원회 계좌로 돈을 보내 주셨습니다.

할머니는 한 평생 열심히 성실하게 사셨고 자녀들을 키웠으며 이제 모두 가정을 이루어 잘 살아갑니다. 산에서 나물을 뜯어다가 시장에서 좌판을 하여 팔았고, 작은 가게를 하며 평생 모으신 돈입니다. 그 1억원은 부자 할머니의 재산 중 일부가 아닌 할머니의 전 재산이었습니다.

후일 한국을 방문하여 그 헌금을 보내주신 할머니를 만났을 때 이렇게 말씀하셨습니다.

"목사님, 나는 목사님을 만난 적도 없고 목사님이 누구인지도 모릅니다. 나는 불교의 보살인데 내가 목사님 소개를 받고 거기 보내기로 마음을 바꾸었습니다. 나는 한평생 나쁜 짓은 한 번도 하지 않았습니다. 그런데 좋은 일도 별로 하지 못했습니다. 그저 제 자식들 키우는 일에만 최선을 다했고 자식들 건사하는 일로 일생을 다 보냈습니다. 이제 자식들도 모두 다 잘 살고 나도 죽을 날이 멀지 않았습니다. 그래서 이제 이 돈으로 좋은 일하려고 했는데 목사님께 보내게 되어 참 좋습니다. 목사님이 내게 고맙다고 하실 필요가 없습니다. 오히려 내가 목사님께 감사합니다. 잘 사용하여 주십시오!"

이 말씀이 전부였습니다. 82세 보살이신 할머니의 선교헌금! 제가 마다가스카르에서 개인 기부자로부터 받은 가장 큰 선교헌금이었습니다.

chapter 4

현지인과 좋은 관계를 맺고 전문 인력을 양성하여야 합니다

이제 현대 선교는 '일방통행'이 아닌 모든 나라에서 모든 나라로 서로 보내고 보냄을 받는 '쌍방통행'의 개념입니다. 그러나 여전히 우리가 선교사를 파송하는 나라들은 대한민국보다 가난한 나라들이 많습니다. 그곳이 중앙아시아가 되었든지, 동남아시아가 되었든지, 혹은 아프리카나 중남미가 되었든지 명심해야 할 사항은, 그 나라의 발전은 그 나라 자국민들에게 달려 있다는 사실입니다. 그러므로 선교의 목표는 결국 그 나라 인재를 훈련시키고 양성하는 데에 두어야 할 것입니다. 하나님의 말씀으로 무장된 지도자들을 육성하여 그들이 자기 나라를 일깨우고 발전시키도록 가르쳐 주어야 합니다.

우리 선교사들의 역할이 대단한 것 같지만 사실은 미약합니다. 선교지에서 그들과 함께 살아가면서 동고동락하는 일과 그들의 문제와 아픔을 함께 나누고 피차 배움과 가르침을 주고 받는 가운데서 그들이 스스로 가능성을 발견하도록 지원해 주는 것이 중요합니다. 궁극적으로는 선교지에서의 모든 활동과 사역을 현지인들에게 넘겨주는 것이 해외선교의 목표가 되어야 할 것입니다.

이 설명은 지난 130여 년 전, 외국 선교사들이 우리나라에서 어떻게 했는지를 보면 이해가 빠를 것입니다. 선교사들의 도움으로 백정의 아들 박서양(1885~1940)은 최초의 한국인 의사가 되었고 일제하에서 독립투사가 되어 독립운동을 지원했으며, 박에스더(1876~1910)는 최초의 여의사라는 호칭을 받을 수 있었습니다. 안창호, 이승만, 조만식, 서재필, 김규식 등은 대한민국의 독립 운동을 이끈 지도자가 되었으며, 백낙준, 김재준, 한경직은 교계의 지도자가 되었습니다. 선교사들의 도움으로 오늘날의 연세대학교와 이화여자대학교가 대한민국의 지도자들을 배출하는 교육기관으로 성장하였고, 세브란스와 같은 초대형 병원이 탄생한 것입니다.

저희 가족이 마다가스카르에 처음 도착한 다음, 제일 먼저 정신무장을 위하여 ≪닥터 셔우드 홀 가의 조선사랑≫이란 책을 온 가족이 돌려가며 읽었습니다. 이대부속병원을 세운 닥터 로제타 홀과 결핵 퇴치를 위하여 크리스마스 실(seal)을 보급하고 대를 이어가며 한국을 위해서 생명을 바친 닥터 셔우드 홀 가문의 헌신 이야기였습니다.

저는 마다가스카르에 도착한 이래 현지인들을 키우고 그들을 지도자로 양성한다는 계획 아래 FJKM 산하 신학교에서 학생들을 가르쳤습니다. 그들이 졸업 후 목사로 안수 받고 전국 방방곡곡으로 파송되어 나가는 모습도 지켜보았습니다. 이를 위하여 다양한 교육과 훈련 프로그램을 추진하였습니다. 그 첫 번째는 의료전문 인력을 양성하기 위해서 서울대학 분당병원 등과 협력하여 해외의료지도자 양성과정에 여러 명의 말라가시 의사들을 연수시킨 일입니다. 아래는 2010년 11월 15일자 마다가스카르 일간지에 실린 기사 중 일부를 번역한 것입니다.

말라가시 의사들 한국에서 수련 받다

이타우시병원의 실비아 원장과 루터란병원의 안과 의사인 슬루푸사우미나 박사는 지난 3개월 동안 서울대학교 분당병원의 초청으로 한국에서 수련을 받았다. (중략) 한국은 세계에서 가장 우수한 의료 기술을 가진 나라로 알려져 있다. 해외 의학자 초청프로그램은 지금도 계속되는데 현재 서울에는 베펠라타나나 병원의 내과 의사이며 타나국립 의과대학 교수인 안드리아슬루 박사가 수련을 받고 있다. 이 프로그램에 필요한 모든 비용은 서울대학병원과 마다가스카르에서 선교사로 일하는 김창주 목사의 후원회가 지원하며 여기에 우리나라의 '에어 마다'(마다 항공사)에서도 함께 협력하고 있다. 뿐만 아니라 지난 주간에는 서울대학병원의 교수이며 안과 의사인 이진학 박사가 마다가스카르를 방문하여 말라가시 의사들과 함께 진료를 하였으며, 현재 이 박사와 김 목사는 네 번째 말라가시 의사를 한국에 초청하는 프로젝트를 추진 중이다.---H.R.

그 밖에도 말라가시 학생들에게 한국 유학의 길을 열어주었고, 그들이 한국에서 세계적인 수준의 교육을 받고 우리나라의 발전상을 마다가스카르에 전파하도록 노력하였습니다. 2014년부터는 한국 정부가 주는 국비 장학생으로 말라가시 학생들을 추천하여 1년 동안 한국어를 익힌 다음 석사과정에 입학하도록 길을 열어 주었습니다. 여기에는 일반대학 뿐만 아니라 연세대학 신학대학원과 한신대학원의 석사과정도 포함됩니다.

2014년 3월 14일에 보고한 내용을 보면 미래의 지도자가 될 현지인을 키우는 선교사의 보람과 긍지를 느끼실 수 있을 것입니다.

대한민국, 원조 받던 나라에서 장학금을 주는 나라로!

최근 며칠 사이에 한국 정부가 주는 장학금을 소개하려고 타나대학 총장을 만났고, 한국 교회가 주는 장학금을 소개하려고 FJKM 총회장을 만났습니다. 요즈음 한국으로 유학 갈 사람을 찾고 추천하고 준비시키는 일이 많아졌습니다. 대한민국 정부 장학생이 되면 한국의 대부분의 유수한 대학에서 석사, 박사과정을 공부하는 동안 전액 장학금과 항공료 뿐만 아니라 한 달에 90만원 정도의 생활비가 나옵니다. 한 달에 90만원이란 돈은 아프리카에서는 아주 큰돈입니다. 이곳 신학교수 월급이 110불이고 국립병원 의사의 월급이 300불이니, 800불이 넘는 돈은 이곳 의사의 두 달분 월급에 해당하는 액수이고, 한국에서 생활하면서 아끼고 절약하면 오히려 얼마쯤은 돈을 모을 수도 있을 것입니다.

영국교회의 장학금을 받고 공부한 저로서는 한국 정부와 한국 교회가 장학금을 준다는 사실이 너무나 좋고 감사합니다. 영국의 URC 교회가 저에게 장학금을 줄 때 영국의 경제가 그렇게 좋지 않았습니다. 영국은 IMF의 도움을 받으면서도 우리들에게 장학금을 주었고 기숙사비까지 제공했으며 '포켓머니'라는 명목으로 생활비를 주었습니다. 그 돈으로 책도 사고 잡비로 쓰고 절약해서 어머니와 아내의 스웨터(영국의 wool로 만든 옷이 얼마나 부럽든지)와 아버지와 장인의 모자를 사 왔던 기억이 있습니다.

한국정부 장학생

한국 방문 연수자들

마다 의사들에게 연수 기회를 준
서울대병원 이진학 교수

인재를 키우는 일이 이 나라를 위해서 할 수 있는 가장 좋은 일입니다. 훌륭한 이 나라의 크리스천 인재를 키우는 것이 가장 좋은 선교 정책입니다. 한 사람의 훌륭한 크리스천 인재가 선교사 수백 명의 몫을 해 낼 것이기 때문입니다!

현지에서 저의 관심은 학문의 길 뿐만 아니라 사회개발프로그램에도 많았습니다. 양돈과 양계 프로젝트를 제대로 수행하려면 발전된 농축산 기술을 배워야 할 것입니다. 그래서 2015년 4월에는 마다가스카르 양계지도자 2명을 한국기독교장로회 농촌개발원과 충북 보은의 보나콤에서 연수와 훈련을 받도록 주선하였습니다. 한국에서 연수하는 프로그램과 함께, 이곳에서도 한국의 발전과 성장의 이야기를 나누고 교육하는 기회가 있을 때마다 적극 활용하였습니다.

2015년 2월, 암부히바우 시와 산하 기관 대표자들에게 한국의 역사와 근대화에 관한 교육을 했습니다. 암부히바우는 수도 타나에 인접한 도시입니다. 파뜨리시아 시장은 여성이고 신실한 교인이며 남편은 전 통신부 장관입니다. 2시간 30분 동안 참 진지하고 귀한 시간이었고 많은 질문과 응답으로 모두에게 도전받는 시간이었습니다. 신문사 4곳에서 취재하러 기자들이 왔습니다.

2015년 7월에는 한국의 KOICA가 주관하고 Canaan World Leadership Center에서 시행하는 '농업지도자 연수 프로그램'에 참석할 말라가시 농림부 산하 농업지도자 3명을 추천하였습니다. 이들은 모두 마다가스카르 농업의 전문가들이고 농과대학 교수도 있습니다.

이렇게 사람들을 키우고 교육시키거나 한국으로 보낼 때, 그리고 그들이 돌아와서 도전을 받았고 많은 것을 배우고 돌아왔노라고 말하면서 감사하다는 말을 들을 때, 저는 그 옛날 우리 조선을 위해서 조선 사람들보다도 더 조선을 사랑했던 외국인 선교사들의 심정을 조금씩 이해하게 됩니다. 그것을 다른 말로 표현하면 선교사로서의 긍지요, 보람이라고 할 수 있습니다.

chapter 5

선교지와 현지인을
사랑해야 합니다

선교사로 파송된 나라의 국민들을 사랑하는 마음이 없이 오로지 사명감만 가지고 선교사역을 한다는 것은 있을 수 없는 일입니다. 아프리카의 어느 한 나라에서 사역하던 선교사가 그곳에서 사역한지 7년이 지나고, 어느날 갑자기 그 나라 사람들이 무서워지고 정이 생기지 않아 떠났다는 이야기를 들었습니다.

십 수 년 전, 한국에서 목회 할 때 바울 선교지인 터키와 그리스를 방문했던 적이 있습니다. 그리스 아테네에서 우리를 안내한 가이드가 보수 교단의 선교사였는데 가는 곳 마다, 설명할 때마다, 그리스 사람들을 '지옥 불에 던져질 사탄의 자식들'이라고 입에 붙은 저주를 퍼부었습니다. 선교지와 현지인을 사랑하고 존중하기는 고사하고 저주를 퍼붓는 모습이 안타까워 보였던 기억이 있습니다. 보수신학을 전공한 그 선교사의 눈에는 그리스 정교회 신자들이 모두 이단자들로 보였던 것입니다.

선교지와 현지인을 사랑하는 마음, 그들을 긍휼히 여기는 사랑이 선교사의 가장 기본적인 자질입니다. 선교사는 먼저 현지인들의 영혼뿐만 아니라 가난하고 어려운 현실을 보고 측은히 여기는 마음을 가져야 합니다. 빌립보서 2장의 말씀이 바로 하늘 보좌를 버리시고 친히 인간 세상으로 내려 오신 첫 번째 선교사인 예수 그리스도의 마음입니다.

"그는 근본 하나님의 본체시나 하나님과 동등됨을 취할 것으로 여기지 아니하시고 오히려 자기를 비어 종의 형체를 가져 사람들과 같이 되었고 사람의 모양으로 나타나셨으매 자기를 낮추시고 죽기까지 복종하셨으니 곧 십자가에 죽으심이라"

이것이 예수님의 삶의 요약입니다. 예수님의 삶과 가르침은 복음서에 잘 나타나지만, 그 중심은 인간을 불쌍히 여기고 긍휼히 보시는 마음입니다. 마태복음 15장 32절은 이런 예수님의 마음을 가장 잘 보여주는 구절입니다.

"예수께서 제자들을 불러 이르시되 내가 무리를 불쌍히 여기노라 그들이 나와 함께 있은 지 이미 사흘이매 먹을 것이 없도다 길에서 기진할까 하여 굶겨 보내지 못하겠노라"

하나님께서는 저에게 말라가시 사람들을 사랑하고 존중하는 마음을 주셨습니다. 지난 9년 동안 한 번도 말라가시들에게 실망하고 미운 감정

이른 새벽 산에서 나뭇짐을 지고 내려오는 소년

을 갖지 않도록 지켜 주신 것을 감사드립니다. 지금 안식년을 지내는 동안 그리고 마다가스카르를 떠나면서, 말라가시를 향한 저의 기도와 마음이 더욱 간절해지는 것을 느끼면서 감사드립니다. 저는 변함없는 이마음으로 지난 9년 동안 말라가시 선교를 감당해 왔습니다.

처음 마다에 도착해서 참 마음이 아팠습니다. 그들의 가난한 모습과 맨발의 사람들을 볼 때 제 발바닥이 갈라지는 아픔을 느꼈고, 한없이 선하게 웃는 모습에 가슴이 미어지고 찢어지는 아픔을 느꼈습니다.

"어떻게 이 사람들을 도와줄까?"

"내가 이들을 위해서 할 수 있는 일이 무엇인가?"

이러한 갈등과 고뇌 속에서 9년을 지냈습니다. 여기 제가 보낸 선교 보고로 저의 심정을 대신합니다.

열심히 살지만 가난한 사람들

우리는 한국 사람들의 부지런함을 자랑합니다. 그렇습니다. 우리뿐만 아니라 농경 사회 사람들은 모두 부지런합니다. 경상북도 성주에서 목회할 때 새벽기도 초종을 3시30분에, 재종을 4시에 치고 새벽기도를 시작합니다. 새벽기도를 마치면 밥 한 술 뜨고 바로 비닐하우스 참외밭으로 나갑니다. 해가 뜨면 하우스 안이 더워서 일 할 수가 없기 때문입니다. 접붙이는 때가 되면 밤 새워 하우스에서 붓으로 접붙이고 얼굴이 퉁퉁 부어서 주일예배에 참석하시는 분들을 보았습니다. 그 농부들이 부지런히 일하셔서 성주 꿀참외가 가락동 농수산시장으로 출하됩니다.

여기 마다가스카르에도 이처럼 열심히 살아가는 사람들이 많이 있습니다. 매일 새벽 2~3시가 되면 자기 밭에서 나는 푸성귀를 구루마에 싣고 10~20km되는 거리를 아빠는 끌고 아들은 밀고… 깜깜한 새벽시장에 나옵니다. 딸라따마터 길거리 새벽시장은 5시부터 열립니다. 빨리 나와야 좋은 자리를 잡기 때문에 그렇게 서두르는 것입니다. 가로등도 없는 길을 그렇게 나옵니다.

지난 주간 또 다시 암부히드라난드리아나를 다녀왔습니다. 저희가 이 나라에 와서 첫해부터 세계선린회의 양돈 사업을 시작한 이 마을은 안치라베에서 16km 떨어진 산중 마을입니다. 해발 1,700m에 위치한 이 산골 마을에는 푸성귀도 생산되지 않습니다. 산 동네여서 있는 것이라고는 오직 나무뿐입니다. 이 마을 사람들은 숯을 만들거나 나무를 잘라서 작은 도시 안치라베로 가지고 내려옵니다. 일찍 나와야 일찍 팔기 때문에 새벽 2시에 출발합니다. 깜깜한 밤에 비포장 길을 등불도 없이 걸어 내려오는 것입니다. 그냥 맨몸으로 걷기도 힘든 길에 작은 손수레를 끌고 나오던 청년을 새벽 6시에 안치라베 입구에서 만났습니다.

"몇 시에 출발했나요?"

"2시요…"

새벽 2시에 산동네를 출발하여 시장에 7시에 도착하고 팔고 나면 쌀과 기름 그리고 소금 등을 사서 다시 5~6시간을 걸어서 돌아가면 저녁이 됩니다. 그러면 저녁을 먹고 초저녁에 잡니다. 또 다음 날 새벽 2~3시가 되면 전날 하루 동안 식구들이 만들어 놓은 숯과 땔감을 싣고 다시 출발하여 팔고 돌아가는 것이 이들의 일상입니다. 저는 이들을 만날 때면 숨이 멎는 것만 같습니다. 이들은 모두 맨발입니다. 얼굴은 검은 숯과 땀으로 범벅이 되어 있습니다.(후략)

- 2008년 3월 선교보고 중에서

chapter 6

네트워킹과 코디네이션 능력이 중요합니다

다음으로 선교사들이 갖추어야 할 자질은 Networking과 Co-ordination 능력입니다. 해외선교는 혼자서 할 수 없습니다. 어느 교회에서 파송되었다면, 다음의 다섯 관계를 잘 맺어야 합니다.

먼저는 파송교회(교단, 선교회)와의 관계, 두 번째는 파송된 현지의 교회와 선교단체, 현지인과의 관계, 세 번째는 선교지에서 함께 사역하는 다른 선교사들과의 관계가 중요합니다. 네 번째는 가족들 간의 관계가 있습니다. 그리고 마지막으로는 선교사 자신과 하나님과의 관계를 중요하게 맺어가야 합니다. 성령의 인도하심을 받으면서 결코 하나님보다 앞서 가서는 안 됩니다.

위에서 언급한 다섯 가지의 관계를 잘 유지하고 발전시켜 나가야 선교에도 도움이 되고 모두에게 유익이 됩니다. 저의 경우에는 한국기독교장로회와 국제선교회의 멤버십을 가지고 선교지로 출발하였습니다. 물론 섬기던 교회를 중심으로 한 '마다가스카르 김창주목사선교후원회'가 조직되어 있었습니다. 저의 사역 배후에는 약 70여 기관과 교회, 400여 후원자들이 계셨습니다.

저는 이들을 모두 선교 동역자(Mission Co-Worker)라고 부릅니다. 제가 보냄을 받은 선교사라면, 여러분은 보내는 선교사이셨습니다. 제3부에서 소개해 드렸던 양돈과 양계사업은 세계선린회의 직접적인 지원을 받았고, 신학교와 고아원, 백내장 수술, 모자 보건은 성주 재단과 여러 기관들의 도움, 미국의 Samaritan Purse와도 연결되어 있었습니다. 2007년 선교사역 초기 매달 한 번씩 방문하여 한국인 근로자들을 위해 설교 했던 Ambatovy 광산 프로젝트에 작은 도서관을 마련해 준 일은 후원회와 여러 지인들이 기증해 준 도서로 가능했던 일입니다.

이 나라에서 특별히 감사해 하는 말라가시-영어 대역 성경의 보급은 대한성서공회와 함께 이룩한 성과입니다. 저는 대한성서공회와 말라가시성서공회 관계자들을 만나 연결시켜주고 이 프로젝트가 가능하도록 중간에서 다리의 역할을 하였고, 그 결과 역사적인 말-영 대조성경이 출판되어 큰 사랑을 받게 되었습니다. 저는 처음 종자돈으로 약간의 헌금을 드렸을 뿐인데, 당시 대한성서공회에서는 '한 선교사가 선교 현지의 성경 출판을 위하여 1,700만 원이라는 종자돈(seed money)을 모아온 것은 처음 있는 사례'라고 하면서 감동하셨고 그때부터 이 프로젝트가 급속하게 추진되었던 것입니다.

아래에 당시 국내 언론에 보도되었던 기사를 보시면 이해에 도움이 되실 것입니다. 선교 첫 해에 실시했던 '사랑의 신발 모으기'도 제가 한 일이라기보다는 후원회를 비롯한 여러 기관과 교회들이 모아 주신 신발들을 이곳에 가져와서 나누어 준 것입니다. 그럼에도 불구하고 이 과정에도 많은 네트워킹과 코디네이션 능력이 필요했습니다. 신발과 의료장비, 피아노를 가득 실은 컨테이너가 마다의 항구에 도착했을 때는 12월 성탄 휴가철이었고 잘못하면 통관이 마냥 지연되고 엄청난 창고 보관비용이 발생할 위험이 있었습니다. 그 때 저와 친분이 있던 당시 마다가스카르의 대통령인 마크 라발루마나나 장로에게 부탁드렸고, 마크 대통령

은 비서실을 통하여 전량 비관세로 신속하게 처리하게 해 주어서 12월 29일 물건을 찾아 30일 피아노와 의료장비들을 전달해 줄 수 있는 기적 같은 일이 일어났던 것입니다. 아프리카의 늦은 일처리와 '무라무라'(천

독일 프랑크푸르트 비전트립팀

기장 여신도회 교육원 마다 방문팀

천히 천천히) 문화를 아시는 분들은 이 모든 과정이 얼마나 놀라운 일인
지를 이해하실 것입니다. 이 모든 과정이 바로 훌륭한 네트워킹과 코디
네이션의 결실이라고 할 수 있을 것입니다.

독일 프랑크푸르트 한마음교회 이찬규 목사님이 단기선교 팀을 이끌
고 2010년과 2014년 두 차례 마다가스카르를 방문하였습니다. 첫 번째
방문은 2010년 9월에 비전 트립으로 10분이, 두 번째 방문은 2014년 8
월에 무려 30명의 대규모 선교팀이 마다를 방문하여 토파자, 안짜하마
미, 암부히드라난드리아나, 마하주아리브, 안다카나, 안치라베 등 여러
곳의 사역지에서 큰 역할을 감당하셨습니다.

파주 통일동산에서 마크 라발루마나나 전 대통령과 함께

또한 2013년 5월에는 기장 여신도회 회원 23명이 5박 6일간의 일정으로 마다가스카르를 방문하여 주셨습니다. 이렇게 그리고 대규모 선교단이 사역지를 방문하여 준다는 것은 현지의 선교사에게는 얼마나 큰 힘이 되는지는 새삼스레 말씀드리지 않아도 잘 아시리라 믿습니다.

그 이외에도 세계선린회, 국제옥수수재단, 국제협력단(KOICA), 대한적십자사 등의 기관과 마다를 연결하는 일, 서울대학병원, 가나안 농군학교, 한국과 북미, 유럽의 여러 교회들과 네트워킹으로 마다가스카르에 유익이 되게 한 일들을 일일이 다 열거하자면 끝이 없습니다. 공연히 제 자랑이 될 것 같아서 여기서 마무리하려고 합니다.

결론적으로 여기서 제가 강조하고 싶은 것은 그만큼 선교사의 협력자, 조정자, 연결자로서의 역할이 중요하다는 사실입니다.

chapter 7

하나님만 의지하며
한걸음씩 뚜벅뚜벅…

많은 분들이 선교지에서 정말 고생 많이 했다거나 선교사의 일이 얼마나 힘들었느냐고 격려하시면 정말 부끄러울 뿐입니다. 그럴때면 저는 국내에서 목회자로서의 삶이 더 힘드셨을 것이라고 대답합니다. 솔직한 고백입니다. 저희는 정말 하나님의 은혜로 그 동안 모든 사역을 잘 감당해 왔습니다.

힘들고 어려웠던 점이 있었다면 환경이 어렵고 문화적인 생활을 하지 못한 것과 먹고 싶은 것을 참아야 했던 일들, 익숙하지 않은 언어, 낯선 사람들, 기후, 풍토, 환경에서 사는 것 정도였습니다. 물론 자녀들과 떨어져 있어야 하는 어려움과 서로가 참아야 하는 외로움, 그리고 자녀 교육의 문제는 자녀들에게 미안한 일이었고, 부모인 저나 아내에게는 고통이었습니다. 그러나 자녀들도 하나님의 은혜로 잘 자라 주었습니다.

우리 모두 나그네로 이 세상을 사는 것이 지구촌 어디에서나 비슷하다 할 것입니다.

그러나 아프리카 나라들은 정정이 불안하고 잦은 쿠데타로 야기되는 열악한 치안과 안전의 문제는 항상 떨쳐버릴 수 없는 위협이었습니다. 도로 사정이 좋지 않아 항상 사고의 위험이 도사리고 있으며, 수백 km 에 달하는 먼 지방까지 다녀와야 하는 경우는 정말 목숨을 건 모험이기도 합니다. 비포장도로가 깊이 파여 있고, 폭우로 끊어진 도로를 갑자기 만나게 되거나, 길옆에 넘어진 트레일러들을 수시로 보게 됩니다. 또 언제 어디서 무슨 일을 당할지 예측할 수 없을 때가 많습니다.

이런 곳에서 선교사들에게 제일 위안이 되는 것은 무엇일까요? 바로 하나님에 대한 신뢰와 믿음입니다. 하나님의 보호와 동행의 약속과 그 약속에 대한 보증이야말로 우리가 세상과 구별되어 누리는 특권입니다.

선교지에서 한국에서 활동했던 초기 선교사들의 글을 많이 읽었습니다. 그리고 그들의 마음을 깊이 이해하고 공감할 수 있었습니다. 구한말, 나라를 잃고 자기의 주권조차 지키지 못하는 조선민족을 바라보면서, 일제와 한편이 되지 아니하고 불쌍한 피지배인인 현지인들을 위해서 눈물 흘리며 우리 편이 되어주었던 고마운 선교사들을 생각했습니다. 그들의 조선 사랑, 하나님 사랑을 배웠습니다. 25살의 나이로 세상을 떠난 처녀 선교사 레이첼은 힘없고 가난한 조선인들을 바라보면서 '내게 천개의 생명이 있다면 그 모두를 조선이 가질 것'이라는 말을 남겼습니다. 어떻게 그렇게 살 수 있었을까요? 마음 속에 뜨겁게 타오르는 하나님이 주신 사랑의 불길이 있었기에 가능한 일이었습니다.

선교사들은 세상을 바라보지 아니하고 하나님 한 분만 마라보고 뚜벅뚜벅 걸어가는 사람들입니다. 저는 선교지에서 하나님의 음성을 더욱 분명하게 잘 들을 수 있었습니다. 그런 점에서 선교지는 영이 맑아지는 곳, 하나님과 더욱 가까이 머물 수 있는 곳이었습니다. 하나님의 사람들을 더 자주 만나게 되었고 하나님의 뜻을 더 분명하게 느낄 수 있었습니다. 이것이 선교지에서의 보너스입니다.

거기에 추가하여 또 하나의 보너스가 있습니다. 참 좋은 현지인 동지들을 만난 것입니다. 그들의 저희를 향한 깨끗한 사랑과 위로에 감사합니다. 그들은 늘 우리의 희생과 헌신에 대하여 깊은 감사를 표해 주었습니다. 이 세상에서 가장 착하고 선한 사람들, 가난하지만 행복지수가 가장 높은 사람들, 항상 웃으며 인사하고 넉넉한 사랑과 용서로 인내하고 참는 사람들이 바로 말라가시들입니다.

겨우 만 9년, 마다가스카르에서의 사역을 마치고 고국으로 돌아가는 제 자신이 부끄럽습니다. 그러나 저는 기도합니다. 다시 돌아와 섬길 기회를 주시기를… 그리고 학생들 가운데에도 선교사와 해외 봉사자들이 계속해서 배출되기를… 130년 전 조선이라는 미지의 땅에 와서 자자손손 대를 이어 조선 사람들을 섬긴 선교사들을 생각합니다. 남편과 딸을 잃고도 은퇴할 때까지 조선에서 목숨을 바친 선교사, 조선에서 출생해서 미국에서 의학 공부하고 의사가 되어 아버지의 뒤를 이어 다시 조선 땅을 찾아와 봉사한 의료선교사, 일제에 의해 추방당하기까지 하고도 다시 돌아온 선교사, 1950년대 자가용 비행기를 가진 부자 아버지의 재산으로 한국의 한센병 환자들을 도운 의료선교사… 그들은 왜 편안하고

신년을 기원하는 마다의 전통악단

안락한 자신들의 삶을 포기하고 어려운 조선을 택했을까요?

선교사는 믿음의 선배들을 따라서 오직 믿음으로 한 걸음 한 걸음 뚜벅뚜벅 걸어가는 사람들입니다. 고난과 환란을 기도와 말씀 묵상으로 극복하면서 주님만 바라보고 나아가야 하겠습니다. 저는 앞으로 수 년 동안 한 가정의 자식으로서 부모님께, 그리고 부모로서 저의 자녀들을 위한 책임을 다한 후에 또 다시 부르심을 따라 선교지로 나갈 것입니다.

아래의 글은 2016년 1월에 마다가스카르에서 9년의 사역을 마치고 돌아오면서 마지막으로 보내드린 선교보고입니다.

마다에서 맞이한 아홉 번째 새해 2016!

착한 사람들의 땅 마다가스카르에서 아홉 번째 새해를 맞이했습니다. 해마다 연말연시에는 모두들 술에 취해 춤추며 송구영신을 하는 것이 말라가시들의 풍습입니다. 어제 밤에는 엄청나게 많은 비가 내렸습니다. 우리 집 앞의 오순절 교회도 새벽 3시까지, 동네 간이 디스코텍에서는 새벽

5시까지 온 동네가 떠나갈 듯이 노래를 부르고 춤을 추었습니다. 그 찢어질 듯한 스피커 소리에 밤새 잠을 설쳤습니다. 아마도 이러한 새해맞이 풍습은 프랑스 사람들이 식민지 시절에 심어 놓은 세속주의의 나쁜 모습일 것입니다.

새해 아침, 아내와 조용히 마주 앉아 히브리서 11장을 읽고 한 해를 시작했습니다. 이 땅을 떠나려니 기도가 더욱 간절해지고 애절합니다. 밖에서는 피리와 북으로 새해 복을 빌고 돈을 얻으려는 악대가 연주를 합니다. 천 아리(500원)씩 각각 네 명에게 주면 그들은 그 돈을 받고 행복한 표정으로 돌아갑니다. 따라다니는 아이들에게는 사탕 하나씩을 주었습니다.

제가 기도합니다.
"하나님 이 민족을 지켜주시고 축복해 주시옵소서~"

그들이 외칩니다.
"트라트 니 타우나(Happy New Year)~"